別冊治安フォーラム

党創立100周年を見据える

日本共産党の潮流

治安問題研究会 編著

立花書房

は し が き

　近年の日本共産党（以下「共産党」という。）の動向で，注目される事柄を1つ挙げるとすれば，やはり「野党共闘」になるだろう。

　共産党は，平成27年の平和安全法制の可決成立を契機に，「野党共闘」路線に舵を切り，その後の国政選挙では，他の野党と統一候補を擁立するなど，協力して選挙戦に臨むようになった。これまで，ほとんどの国政選挙で，頑なに独自候補を擁立し続けてきたことから考えても大きな変化である。共産党は，政権を打倒した後の政権構想も打ち出しており，他の野党が賛同するかはさておき，共産党の本気度が現れているところである。

　他方で，近年の共産党は，国政選挙における「野党共闘」のほか，国会開会式に共産党の国会議員が出席するなど，党外に向けて融和的な姿勢をアピールしている。その結果，共産党の本質がよりいっそう見えにくくなっていると言ってよいだろう。しかし，過去に警察官の殺害や騒擾事件といった暴力的破壊活動を行った過去をもち，現在もいわゆる「敵の出方」論による暴力革命の方針を堅持している，「革命政党」である本質に変わりはない。

　本書は，共産党の「野党共闘」の動向等を中心に，近年の「治安フォーラム」に掲載した論文を取りまとめた。共産党が何を考え，どこに進もうとしているのか，まもなく100周年を迎える共産党の理解を深める一助になれば幸いである。

平成30年5月

　　　　　　　　　　　　　　　　　　　　　治安問題研究会

初 出 一 覧

- 第48回衆議院議員総選挙をめぐる日本共産党の動向
  ～惨敗を喫しても，「野党共闘」路線に固執する共産党～　　　　2018年 4 月号
- 平成29年の日本共産党の動向を振り返って
  ～「野党共闘」の真価が問われた 1 年～　　　　2018年 2 月号
- 日本共産党第27回大会の注目点
  ～「野党共闘」を強調した党大会～　　　　2017年 5 月号
- 平成28年の日本共産党の動向を振り返って
  ～「野党共闘」を重視した選挙闘争～　　　　2017年 2 月号
- 第24回参議院議員通常選挙をめぐる日本共産党の動向
  ～改選 3 議席から 6 議席へ倍増～　　　　2016年11月号
- 日本共産党のイメージ戦略　～近年の動きを中心に～　　　　2016年 6 月号
- 平成27年の日本共産党の動向を振り返って
  ～「国民連合政府」構想を提唱～　　　　2016年 2 月号
- 平和安全法制関連法案をめぐる日本共産党の動向　　　　2015年12月号
- 平成26年の日本共産党の動向を振り返って
  ～党勢拡大に取り組んだ 1 年～　　　　2015年 2 月号
- 日本共産党の過去10年間を振り返る
  ～ソフトイメージのアピールに努める日本共産党～　　　　2014年 8 月号
- 日本共産党第26回大会の注目点　　　　2014年 5 月号
- 平成25年の日本共産党の動向を振り返って
  ～理論面の活動に専念する不破前議長を通じて～　　　　2014年 2 月号
- 日本共産党と憲法改正　　　　2013年12月号
- 日本共産党の学習・教育制度　　　　2013年 8 月号
- 平成24年の日本共産党の動向を振り返って
  ～「党勢拡大大運動」で 1 万8,000人の新入党員を獲得した
  日本共産党～　　　　2013年 3 月号
- 日本共産党の「原発ゼロ」運動に対する取組　　　　2013年 1 月号

目　　次

はしがき

初出一覧

第48回衆議院議員総選挙をめぐる日本共産党の動向
〜惨敗を喫しても，「野党共闘」路線に固執する共産党〜 ……………………………… 9

はじめに／9　　　共産党にとっての衆院選の経緯と目標／10
共産党の選挙結果／12　　　「野党共闘」の効果／16　　　共産党の敗因／18
「野党共闘」の実態／20　　　衆院選にみる共産党の現状と課題／22
今後への影響／26　　　おわりに／28

平成29年の日本共産党の動向を振り返って
〜「野党共闘」の真価が問われた1年〜 ……………………………………………… 29

はじめに／29　　　党旗びらき（平成29年1月4日）／31
日本共産党第27回大会（平成29年1月15日〜1月18日）／31
選挙協力をめぐる野党会談の実態／33
第48回衆議院議員総選挙（平成28年10月10日公示，10月22日投開票）／33
今後の野党共闘の見通し／37　　　党勢拡大の動向／37　　　おわりに／39

日本共産党第27回大会の注目点〜「野党共闘」を強調した党大会〜 ………… 40

はじめに／40　　　大会の注目点／41　　　今後の見通し／50　　　おわりに／51

平成28年の日本共産党の動向を振り返って
〜「野党共闘」を重視した選挙闘争〜 …………………………………………………… 52

はじめに／52　　　「野党共闘」による主な選挙闘争／53
「野党共闘」と今後の見通し／60　　　おわりに／61

第24回参議院議員通常選挙をめぐる日本共産党の動向 ～改選 3 議席から 6 議席へ倍増～ ················· **62**

はじめに／62　　「野党共闘」に至る経緯／63
共産党にとっての今時参院選の意義と目標／65　　選挙結果／67
1 人区における「野党共闘」の成果と実態／70　　その他の動向／72
共産党の評価と課題／73　　おわりに／75

日本共産党のイメージ戦略～近年の動きを中心に～ ················· **76**

はじめに／76　　ソフトイメージの演出／76
「自共対決」アピールで国政選挙等で躍進／78
「国民連合政府」構想の提唱・"現実路線"のアピール／81　　おわりに／84

平成27年の日本共産党の動向を振り返って～「国民連合政府」構想を提唱～ ················· **85**

はじめに／85　　「国民連合政府」構想の提唱／86
「党勢拡大大運動」の取組と拡大成果／89　　第18回統一地方選等の結果／91
おわりに／93

平和安全法制関連法案をめぐる日本共産党の動向 ················· **94**

はじめに／94　　平和安全法制関連法案に対する共産党の主張等／95
平和安全法制関連法案をめぐる共産党の動向／96　　党勢拡大への影響／99
おわりに／103

平成26年の日本共産党の動向を振り返って～党勢拡大に取り組んだ 1 年～ ················· **104**

はじめに／104　　第26回党大会～日本共産党の「党勢拡大」の取組／105
「党創立92周年・いっせい地方選挙勝利をめざす躍進月間」を提起／108
「第41回赤旗まつり」を開催／109　　衆院選に向けた取組／110
おわりに／112

日本共産党の過去10年間を振り返る
～ソフトイメージのアピールに努める日本共産党～ ········· 114

はじめに／114　　過去10年間の主な動向／114　　国政選挙の結果／117
党勢拡大の推移／120　　党勢拡大が進まない要因／123　　おわりに／124

日本共産党第26回大会の注目点 ····················· 126

はじめに／126　　党大会開催に向けた動向／127　　党大会の主な注目点／128
今後の見通し／137　　おわりに／139

平成25年の日本共産党の動向を振り返って
～理論面の活動に専念する不破前議長を通じて～ ··········· 140

はじめに／140　　平成25年中の不破前議長／141
平成25年中の日本共産党／144　　第26回党大会に向けて／146
おわりに／148

日本共産党と憲法改正 ·························· 150

はじめに／150　　最近の憲法改正をめぐる情勢と日本共産党の動向等／151
日本共産党の現行憲法に対する見解／153
手をしばられない「反動的」条項／156
連続講座綱領の力点／158　　おわりに／160

日本共産党の学習・教育制度 ····················· 161

はじめに／161　　日本共産党の思想建設の背景／161
日本共産党の学習・教育／162　　近年の主な学習・教育活動の動向／166
おわりに／170

平成24年の日本共産党の動向を振り返って
～「党勢拡大大運動」で1万8,000人の新入党員を獲得した日本共産党～
 ····················· 172

はじめに／172　　「党勢拡大大運動」の取組／173
衆院選に向けた取組，結果／179　　おわりに／181

目　次　7

日本共産党の「原発ゼロ」運動に対する取組 ································· 182

はじめに／182　　　日本共産党の原子力発電に対する立場／183

なぜ，日本共産党は，「反原発」，「脱原発」ではなく，「原発ゼロ」と主張するのか／184

日本共産党の原発エネルギー政策の提言／187

福島第一原子力発電所事故直後の共産党本部の動向／188

最近の共産党の動向／189　　　おわりに／190

第48回衆議院議員総選挙を
めぐる日本共産党の動向

～惨敗を喫しても，「野党共闘」路線に
固執する共産党～

は じ め に

第48回衆議院議員総選挙（以下「衆院選」という。）が，平成29年10月10日公示，10月23日の投開票の日程で執り行われた。共産党は，今次衆院選においても「野党共闘」の方針を掲げて，立憲民主党や社民党等と競合する一部の小選挙区では，党公認候補を取り下げるなどして野党候補の一本化を模索し，与党候補に対抗する選挙戦術を展開した。しかしながら，共産党が目指していた他の野党との本格的な相互の協力関係を構築するまでには至らず，現有の21議席から12議席に減らす惨敗に終わった。

こうした結果を踏まえて開催された第3回中央委員会総会（以降「○中総」という。）では，今次衆院選をどのように総括するか，とりわけ，不調に終わった「野党共闘」をどのように評価するかが注目されたが，共産党は，次期参院選でも，引き続き「野党共闘」を目指すことを表明した。

本稿では，「野党共闘」で臨んだ今回の衆院選の結果を振り返りながら，共産党の現状や今後の課題について考察したい。

1　共産党にとっての衆院選の経緯と目標

○　衆院選の経緯

　共産党は，平成25年の参院選で３→８議席，26年の衆院選で８→21議席，28年の参院選で３→６議席と，国政選挙で３連勝している。今回の衆院選の３か月前に投開票された東京都議会議員選挙でも，小池百合子東京都知事が率いる「都民ファーストの会」の公認候補50人のうち49人が当選する大勝となる中，共産党は主要政党で唯一得票数・率ともに伸ばして19から21議席に躍進しており，今回の衆院選は，共産党が「第３の躍進」と称する常勝ムードのもとで迎えることとなった。

　共産党は，28年の参院選で「野党共闘」という選挙戦術を打ち出した。それまでの参院選では，共産党は，ほぼ全ての選挙区に候補者を擁立していたが，28年の参院選では，民進党，社民党，自由党を含めた４野党との選挙協力を実現するため，当選者が１人となる32の選挙区（１人区）のほとんどで

（注１）　共産党の国政選挙における獲得議席数と比例得票数・率の推移

［衆院選］

第41回（8年）	26議席　　　（小選挙区2，比例24）	726万8,743票（13.08%）
第42回（12年）	26→20議席（比例20）	671万9,016票（11.23%）
第43回（15年）	20→9議席（比例9）	458万6,172票（ 7.76%）
第44回（17年）	9→9議席（比例9）	491万9,187票（ 7.25%）
第45回（21年）	9→9議席（比例9）	494万3,886票（ 7.03%）
第46回（24年）	9→8議席（比例8）	368万9,159票（ 6.13%）
第47回（26年）	8→21議席（小選挙区1，比例20）	606万2,962票（11.37%）
第48回（29年）	21→12議席（小選挙区1，比例11）	440万4,081票（ 7.90%）

［参院選］

第18回（10年）	6→15議席（選挙区7，比例8）	819万5,078票（14.60%）
第19回（13年）	8→5議席（選挙区1，比例4）	432万9,210票（ 7.91%）
第20回（16年）	15→4議席（比例4）	436万2,573票（ 7.80%）
第21回（19年）	5→3議席（比例3）	440万7,932票（ 7.48%）
第22回（22年）	4→3議席（比例3）	356万3,556票（ 6.10%）
第23回（25年）	3→8議席（選挙区3，比例5）	515万4,055票（ 9.68%）
第24回（28年）	3→6議席（選挙区1，比例5）	601万6,194票（10.74%）

率先して候補者を取り下げた。その結果，野党の統一候補が実現し，野党が一定の議席を確保するなどの成果を挙げた。

参院選終了後，共産党は，次期衆院選では，参院選のように一方的に党公認候補を降ろすのではなく，互いに選挙区を譲り合い，推薦・支援し合う協力関係に発展させることを目指すこととし，野党間での協議を重ねた。

しかし，29年9月に衆議院が解散されると，野党第一党の民進党が小池東京都知事が代表を務める希望の党への合流を決めるなど，政局が流動化し，当初目指していた28年の参院選と同様の4野党での選挙協力は路線変更を余儀なくされた。共産党は，希望の党への合流に踏み切った前原誠司代表（当時）に対して，"これまでの2年間を踏みにじる重大な背信行為"と厳しく批判するとともに，民進党の候補者が希望の党に移った場合，原則として対立候補を擁立する対抗措置をとることを表明した。その後，小池代表の「排除」の論理に端を発し，希望の党に合流しなかった民進党議員が中心となって立憲民主党が立ち上がることとなったため，共産党は新たに立憲民主党と社民党の3野党での選挙協力を目指す方針に舵を切った。

こうした野党の再編動向を捉え，マスコミ各紙は，今回の衆院選の構図を，"「自民・公明」対「希望・維新」対「立憲・共産・社民」の3極の争い"と分裂含みで報じたが，あくまでも「野党共闘」を追求する共産党は，"「自公とその補完勢力」対「市民と野党の共闘」の争い"であるとの従来の主張を繰り返した。

今回の衆院選は，共産党にとっては，29年1月の第27回党大会で提唱した「野党連合政権」の樹立に向け，野党間での選挙協力を28年の参院選以上に発展させることができるか，さらには，「野党共闘」の選挙戦術で議席を伸ばし，「第3の躍進」を継続させることができるかが焦点となる，今後の展望を占う重要な選挙となった。

○ 衆院選の目標

共産党は，29年1月の第27回党大会で，今回の衆院選を「安倍政権を打倒し，野党連合政権（国民連合政府）に向けた大きな一歩を踏み出す選挙としていくために，全力をあげる」とした。その上で，挑戦する「2大目標」として，①野党共闘を本格的に発展させ，総選挙でも28年参院選に続いて選挙

協力を行い，衆議院における「改憲勢力3分の2体制」を打破し，さらに自民・公明とその補完勢力を少数に追い込むことを目指すこと，②国政選挙で3連勝している「第3の躍進」を継続させること，との2点を掲げた。

　具体的には，野党間の選挙協力を成功させるための課題として，①共通公約，②本格的な相互推薦・相互支援の実現，③政権問題で前向きの合意をつくる，との3点を挙げた。このほか，比例代表の目標としては，「得票数850万票以上，得票率15％以上」の獲得及び「全国11のすべての比例ブロックで議席増を実現し，比例代表で第3党」とし，小選挙区については，現有1議席（沖縄1区）を上回る「（小選挙区での）議席の大幅増」などとした。

　ちなみに，共産党は比例代表の得票数・率ともに大きく伸ばした前回の26年の衆院選の結果を踏まえ，27年1月の3中総で，それまでの「比例代表650万票，得票率10％以上」から「比例代表850万票，得票率15％以上」に目標を上方修正している。

2　共産党の選挙結果

(1)　獲得議席数〜議席半減で，「第3の躍進」を継続できず〜

○　共産党は，前回比9減の12議席となり，議席を大きく後退させた。今回の結果で，共産党は，平成25年の参院選（3→8），26年の衆院選（8→21），28年の参院選（3→6）と続いた国政選挙での連勝は「3」で止まり，目標に掲げた「第3の躍進」を継続させることができなかった。その結果，前回14年ぶりに獲得した衆議院での単独の議案提出権を失った。[注2]

○　小選挙区では，206人（前回比86人減）の公認候補を擁立し，前回獲得した沖縄1区を含む16選挙区を必勝区に位置づけ，選挙戦を戦った。結果は，沖縄1区で議席を確保したものの，それ以外は当落に絡むことができず，小選挙区での新たな議席を獲得できなかった。[注4]

○　比例代表では，候補者65人（重複28人）を擁立し，小選挙区の候補者を減らした分，前回と比べ23人増やして臨んだが，前回の20議席から大きく後退し，およそ半減となる11議席にとどまった。目標として"全国11のすべての比例ブロックで議席増の達成"を掲げていたが，近畿比例ブロック

で４議席から２議席の後退，５つのブロック（北関東，東京，南関東，東海，九州）で１議席の後退となり，前回の26年の衆院選で11年ぶりに奪還した北海道ブロックと中国ブロックでは議席を失った。[注5、6]

（注２）　議案提出権

　　予算を伴わない法案の発議には，発議者のほかに，衆議院で20人以上，参議院で10人以上の賛成が必要となる。なお，予算を伴うものには，衆議院で50人以上，参議院で20人以上が必要となる。

（注３）　必勝区の16選挙区

　　埼玉15区，千葉13区，神奈川10区，東京９区，東京12区，東京20区，長野４区，京都１区，大阪３区，大阪４区，大阪５区，兵庫８区，高知１区，福岡９区，福岡10区，沖縄１区

（注４）　共産党の小選挙区での当選者

小選挙区	氏名(年齢)	当選数	役職等
沖縄1区	赤嶺　政賢(69)	7	幹部会委員

（注５）　共産党の比例代表での当選者

ブロック	氏名(年齢)	当選回数	党内地位等
東　北	高橋千鶴子(58)	6	常任幹部会委員
北関東	塩川　鉄也(55)	7	中央委員
南関東	志位　和夫(63)	9	幹部会委員長
南関東	畑野　君枝(60)	2	中央委員
東京都	笠井　亮(64)	5	常任幹部会委員，政策委員会責任者
東京都	宮本　徹(45)	2	中央委員
北陸信越	藤野　保史(47)	2	常任幹部会委員
東　海	本村　伸子(44)	2	准中央委員
近　畿	穀田　恵二(70)	9	常任幹部会委員，国対委員長
近　畿	宮本　岳志(57)	4	中央委員
九　州	田村　貴昭(56)	2	准中央委員

（注6）　比例代表ブロック別の獲得議席と前回票の比較

ブロック	獲得議席	得票数（率）	前回比
北海道	1→0	23万0,316票（8.51%）	－ 7万1,935票（－3.58ｐ）
東　北	1→1	31万0,559票（7.39%）	－ 6万9,252票（－2.50ｐ）
北関東	2→1	44万9,625票（7.51%）	－ 23万7,268票（－4.16ｐ）
南関東	3→2	55万0,404票（8.01%）	－ 26万3,230票（－3.89ｐ）
東京都	3→2	61万8,332票（10.37%）	－ 26万7,595票（－5.00ｐ）
北陸信越	1→1	26万7,777票（7.47%）	－ 4万7,294票（－2.67ｐ）
東　海	2→1	45万0,970票（6.69%）	－ 16万7,725票（－2.90ｐ）
近　畿	4→2	78万6,158票（9.31%）	－ 29万7,996票（－3.53ｐ）
中　国	1→0	19万9,152票（6.25%）	－ 8万6,072票（－2.94ｐ）
四　国	0→0	11万8,826票（7.37%）	－ 4万0,022票（－2.75ｐ）
九　州	2→1	42万1,962票（6.54%）	－ 11万0,492票（－2.59ｐ）
計	20→11	440万4,081票（7.90%）	－165万8,881票（－3.47ｐ）

(2)　得票数・率～小選挙区・比例代表ともに大きく後退～

○　小選挙区の得票数は，約500万票で前回比約204万票の減少，得票率でも9.02％で前回比4.28ポイントの減少となり，得票数・率ともに大きく後退した。これは，立憲民主党や社民党との競合区で候補者を取り下げるなどして，前回より86人少ない候補者で戦った影響とみられる。候補者を擁立した206選挙区のうち，今回の衆院選で区割り改定がなく[注7]，前回の衆院選と比較可能な145選挙区でみると，共産党の得票数は約半数に当たる76選挙区で増加した[注8]。この76選挙区は，いずれも立憲民主党の公認候補がいない選挙区であり，立憲民主党の候補者がいないことで，結果として政権批判票の受け皿となり，得票を伸ばしたことがうかがわれる。

○　比例代表も得票数が約440万票と前回比約166万票の減少，得票率でも7.90％と前回比3.47ポイントの減少となった。得票数は全ての比例ブロック，都道府県で減少し，目標の850万票には遠く及ばず，"比例第5党"にとどまった。得票率についても，全ての比例ブロック，都道府県で減少しており，目標の15％は，全ての比例ブロック，都道府県で達成できなかった。前回の目標であった10％でも達成できたのは東京ブロックのみで，都道府県でも5都府県にとどまった[注9]。

前回比で得票数の減少が多かった上位10県は，東京都や政令指定都市を有するいわゆる大規模県が9都道府県を占め，都市部での後退が顕著にみられた。また，得票数の減少率が小さかった上位10県は，その県に立憲民主党の候補者がいないか，若しくはごく僅かな都道府県となっており，立憲民主党の存在が共産党の比例票に大きく影響していることがうかがわれる。

（注7）　今回の衆院選で区割り改定が行われた97選挙区
　　　北海道1区，北海道2区，北海道4区，北海道6区，北海道10区，北海道12区，青森1区，青森2区，青森3区，青森4区，岩手1区，岩手2区，岩手3区，岩手4区，宮城1区，宮城3区，宮城4区，宮城5区，宮城6区，福島3区，福島4区，埼玉1区，埼玉2区，埼玉3区，埼玉5区，埼玉13区，埼玉15区，千葉4区，千葉13区，東京1区，東京2区，東京3区，東京4区，東京5区，東京6区，東京7区，東京8区，東京10区，東京11区，東京12区，東京13区，東京14区，東京16区，東京17区，東京19区，東京21区，東京22区，東京23区，東京24区，東京25区，神奈川7区，神奈川8区，神奈川9区，神奈川10区，神奈川13区，神奈川14区，神奈川16区，神奈川18区，愛知6区，愛知7区，愛知12区，愛知14区，三重1区，三重2区，三重3区，三重4区，三重5区，大阪1区，大阪2区，大阪4区，兵庫2区，兵庫5区，兵庫6区，兵庫7区，奈良1区，奈良2区，奈良3区，奈良4区，愛媛1区，愛媛2区，愛媛4区，福岡2区，福岡3区，福岡5区，長崎2区，長崎3区，長崎4区，熊本1区，熊本2区，熊本3区，熊本4区，熊本5区，鹿児島1区，鹿児島2区，鹿児島3区，鹿児島4区，鹿児島5区

（注8）　共産党の単独擁立で得票数が増加した76選挙区
　　　北海道7区，北海道9区，秋田1区，秋田2区，山形3区，福島2区，東京9区，東京15区，東京20区，茨城3区，茨城4区，群馬1区，群馬2区，埼玉6区，埼玉7区，埼玉8区，埼玉9区，埼玉12区，千葉1区，千葉8区，千葉9区，神奈川5区，神奈川17区，富山1区，石川1区，福井1区，福井2区，長野3区，長野4区，岐阜2区，岐阜3区，岐阜4区，岐阜5区，静岡4区，静岡5区，静岡6区，静岡8区，愛知2区，愛知4区，愛知9区，愛知10区，愛知11区，愛知13区，滋賀3区，滋賀4区，京都1区，京都2区，京都4区，京都5区，京都6区，大阪7区，大阪12区，大阪14区，大阪19区，兵庫3区，兵庫10区，兵庫11区，兵庫12区，和歌山1区，和歌山2区，和歌山3区，鳥取2区，島根2区，岡山4区，広島1区，広島7区，山口1区，山口2区，香川2区，福岡4区，福岡8区，福岡9区，福岡10区，大分1区，宮崎1区，沖縄1区

（注9）　比例代表で得票率10％以上の都道府県（5都府県，得票率の高い順に表記）
　　　京都府，高知県，沖縄県，長野県，東京都

(注10)　政令指定都市を有する15道府県

　　北海道，宮城県，埼玉県，千葉県，神奈川県，新潟県，静岡県，愛知県，京都府，大阪府，兵庫県，岡山県，広島県，福岡県，熊本県

(注11)　比例代表得票数の減少数が多い上位10県

1	東　京	−26万7,595票	6	愛　　知	−8万9,291票
2	神奈川	−15万7,135票	7	兵　　庫	−8万1,123票
3	埼　玉	−14万0,848票	8	北 海 道	−7万1,935票
4	大　阪	−13万2,408票	9	茨　　城	−4万6,817票
5	千　葉	−　9万3,319票	10	京　　都	−4万3,364票

(注12)　得票数の減少率が小さかった上位10県

順位	都道府県	得票数減少率	立憲／共産の擁立数（選挙区数）
1	沖縄県	4.83%	立憲0／共産1（4選挙区）
2	新潟県	5.10%	立憲1／共産1（6選挙区）
3	青森県	10.40%	立憲0／共産3（3選挙区）
4	香川県	14.68%	立憲0／共産1（3選挙区）
5	岩手県	14.71%	立憲0／共産1（3選挙区）
6	福島県	15.72%	立憲0／共産4（5選挙区）
7	和歌山県	15.84%	立憲0／共産3（3選挙区）
8	佐賀県	15.85%	立憲0／共産1（2選挙区）
9	長崎県	17.06%	立憲0／共産4（4選挙区）
10	愛媛県	17.30%	立憲0／共産4（4選挙区）

3　「野党共闘」の効果

(1)　「野党共闘」の効果

○　野党の"共闘候補"は共産党の支援で躍進

　共産党は，公認候補を取り下げるなどした83の小選挙区では，基本的に立憲民主党や社民党などの"共闘候補"を支援したため，これらの選挙区では"共闘候補"が共産党支持層の投票先になったと考えられる。このうち"共闘候補"が当選したのは32選挙区であるが，仮に共産党支持層が"共闘候補"に投票しなかったとして，"共闘候補"から当該選挙区の共産党の比例票を差し引くと，当選ラインを割る選挙区が全体の概ね半数に当たる15にのぼっ

16

た。共産党が小選挙区で公認候補を取り下げた効果が小さくなかったことがわかる。

> （注13）　共産党が未擁立の83選挙区で，野党候補が当選した32選挙区（太字体は，仮に共産党の比例票を差し引いた場合，落選となる選挙区）
>
> 　北海道１区，北海道３区，北海道６区，北海道８区，北海道11区，岩手３区，宮城５区，**福島１区**，**東京１区**，**東京６区**，東京７区，**東京18区**，栃木２区，埼玉５区，**神奈川４区**，**神奈川６区**，**神奈川12区**，**新潟１区**，**新潟３区**，新潟４区，長野１区，愛知３区，愛知５区，**愛知７区**，三重２区，大阪10区，**大阪11区**，**高知２区**，佐賀１区，**鹿児島１区**，沖縄２区，沖縄３区

○　共産党の小選挙区での供託金没収額が現行制度で最少額に

　共産党は，今回の小選挙区での供託金没収額が現行制度となって以降，最も少ない額となった。これは，擁立取り下げなどにより，小選挙区の候補者数が少なかったことに加え，立憲民主党との競合区も21選挙区と比較的少なく，政権批判票の一定の受け皿になり，得票数・率を伸ばしたためとみられ，今回の「野党共闘」がもたらした副産物ともいえるだろう。ただし，比例代表は，小選挙区で候補者を取り下げた分を補うため，比例候補を多く擁立したため，結果として没収額が過去最高の21年に次いで多く，全体の没収額を引き上げる形となった。[注14]

> （注14）　平成８年の衆院選以降の供託金没収状況
>
> | | 小選挙区・没収数／擁立数 | 比例代表・当選数／擁立数 | 合計 |
> |---|---|---|---|
> | 29年 | ２億5,500万円・　85／206 | １億7,100万円・11／65 | ４億2,600万円 |
> | 26年 | ２億8,800万円・　96／292 | 900万円・20／42 | ２億9,700万円 |
> | 24年 | ７億2,900万円・243／299 | 7,800万円・　8／35 | ８億0,700万円 |
> | 21年 | ３億7,200万円・124／152 | １億8,600万円・　9／79 | ５億5,800万円 |
> | 17年 | ６億6,900万円・223／275 | 6,900万円・　9／39 | ７億3,800万円 |
> | 15年 | ７億0,500万円・235／300 | 8,700万円・　9／47 | ７億9,200万円 |
> | 12年 | ３億9,000万円・130／300 | 6,300万円・20／66 | ４億5,300万円 |
> | ８年 | ３億2,700万円・109／299 | 300万円・24／53 | ３億3,000万円 |

○　「野党共闘」に比例票を伸ばす効果はみられず

　共産党は，国政選挙においては比例代表を"主たる得票源"と位置づけて

いる。しかし，前回と比べて比例票を伸ばしたのは，前回と比較可能な198選挙区のうち，2％に当たる3選挙区にとどまっており，今回の「野党共闘」には，比例票を伸ばす効果はほとんどなかった。ちなみに，この3選挙区は立憲民主党がおらず，"共闘候補"がいずれも無所属で与党と接戦を演じた選挙区であり，政権批判の比例票が共産党に入りやすい環境にあったと考えられる。結局のところ，今回，共産党が比例票を伸ばせたかどうかは，共産党の自助努力と言うよりはむしろ，外部的要因に左右されていることがうかがわれる結果である。

　ちなみに，前回と比較可能な198選挙区は，共産党が公認候補を擁立した145選挙区と擁立しなかった53選挙区の2種類に分けられるが，それぞれの合計得票数から得票率を算出したところ，両者にはほとんど変わりはみられなかった。今回の衆院選について言えば，公認候補を擁立しようがしまいが，結局，有権者に共感が広がっておらず，したがって，「野党共闘」に比例票を伸ばす効果はほとんどなかったといえるだろう。

- (注15)　前回と比較可能な198選挙区のうち，前回比で比例票が増えた3選挙区
　新潟3区（前回比993票増），新潟4区（同462票増），沖縄4区（同239票増）
- (注16)　候補者を擁立した145選挙区と擁立しなかった53選挙区の得票率の比較
　擁立した145選挙区　得票率 7.74％
　未擁立の53選挙区　得票率 7.91％

4　共産党の敗因

○　共産党は存在感を示せず埋没

　今回，共産党が，大きく後退した要因の一つとしては，立憲民主党の誕生により，政権批判票を取り込めなくなったことが挙げられるであろう。近年の国政選挙では，民主党（現在，民進党）が政権交代を実現しながら野党に転じて以降，支持率が低迷し政権批判の受け皿になりきれなかった。さらに，みんなの党や維新の会等の「第三極」と言われる政党も合流や合併を繰り返したことから，結果的に，共産党は行き場を失った政権批判票を取り込んで議席を伸ばしてきた。共産党は，これを「第3の躍進」と呼んだが，今

回の衆院選では新たな選択肢として，小池都知事が代表を務める希望の党や立憲民主党が誕生し，とりわけ安倍政権の政治運営を“上からの民主主義”と批判した立憲民主党が，政権与党に対する新しい明確な対立軸となった。その結果，共産党の存在感が相対的に低下し，近年取り込んできた政権批判票が立憲民主党などに流れ，得票を大きく後退させたものと考えられる。

マスコミによる出口調査[注17]でも，こうした傾向は明らかであり，比例代表での無党派層の投票先は，共産党が前回比7.9ポイント減の9.8％にとどまり，前回の半分近くまで減らしている。この減少率は，日本維新の会に次ぐ2番目の高さで，前回取り込んだ無党派層からの支持を得られなかったことが現れている。

> **(注17)** 共同通信社は，投開票当日，全国各地の投票所で出口調査を行った。「支持なし」と回答した無党派層の割合は，全体の18.8％であり，その比例代表の投票先は，初の国政選挙となった立憲民主党が30.9％で最も高く，自民党21.1％（前回21.1％），希望の党17.9％，共産党9.8％（同17.7％），日本維新の会8.5％（同21.7％），公明6.2％（同7.4％），社民2.1％（同3.2％）となった（平成29年10月23日付け「日経新聞」）。

○ 戦術上の問題

共産党は，今回の「野党共闘」について，“野党共闘こそが勝利の方程式だ”と訴えていた。野党間の選挙協力が実現すれば，支援した野党や支援者に共感が広がって比例票が増えることを期待していたものと考えられる。しかし，共産党へのアレルギーが国民の中にも未だに存在している[注18]中，小選挙区と比例代表の2回の投票が行われる現在の小選挙区比例代表並立制において，その候補者の支援者が比例代表だけは共産党に投票するといったことは想定しにくい。さらに，共産党から支援を受ける他の野党の候補者も，落選した場合，所属政党の比例代表の得票数によっては復活できる可能性が残されているため，自らの支援者に対して“比例は共産党へ”と訴えることは難しいと考えられる。

結局のところは，共産党が比例票を伸ばすには，無党派層に支持を広げることが必要となり，野党の中で共産党が注目されうる存在でなければならないということである。今回の衆院選のように，立憲民主党に注目が集まる情

勢になれば，たとえ選挙協力のために候補者を取り下げ，その支援に動いても，共産党には比例票が回ってくる可能性は極めて低いといえよう。

「野党共闘」の選挙戦術は，他の政党の注目度やその時々の政治情勢にも大きく左右されるもので，前回の参院選で一定の成果があったからといってすぐに"方程式"化できるほど簡単ではないと考えられる。共産党は，今後の課題として，"野党共闘を進めることと共産党が議席を伸ばすことを両立させることを追求する"としているが，それは，相当に難しい"ハードル"になるものとみられる。

> **(注18)　共産党に対する有権者のアレルギー**
> 　　朝日新聞社は，東京大学とともに，29年の衆院選後に有権者に調査を行った。無作為に選んだ3,000人を対象に衆院選投開票前日（10月21日）に調査票を郵送し，投票後に回答・返信する形式で行われ，12月5日までに1,767人（59％）の回答を得たとしている。調査では，「今後絶対に投票したくない政党は？」との調査項目があり，共産党は43％で最も高く，公明党27％，社民党24％，希望の党23％，民進党18％，自民党16％，日本維新の会13％，立憲民主党11％と続いた（平成29年12月19日付け「朝日新聞」）。

5　「野党共闘」の実態

ここで，共産党が掲げていた野党間の選挙協力を成功させるための3点の課題（①共通公約，②本格的な相互推薦・相互支援の実現，③「政権問題で前向きの合意」をつくる）の観点から今回の「野党共闘」を検証してみることにしよう。

(1)　共 通 公 約

まず，共通公約についてであるが，共産党は，今回の衆院選で立憲民主党や社民党と"共通政策の旗を掲げることができた"などと，野党間で政策協定が結ばれたかのように主張している。しかし，実際には，「安保法制の廃止と立憲主義の回復を求める市民連合」（以下「市民連合」という。）が提案した項目に各党がそれぞれ前向きな回答があったことをもって，共産党は共通政策を確認できたこととしているに過ぎない。こうした「市民連合」を間に挟んだ複雑な手法をとる背景には，共産党と選挙協力することへの他党の

アレルギーを少しでも軽減させる狙いがあるものとみられる。しかし，平成28年の参院選では，市民連合の政策要望書に調印までしていたところ，今回はそれもできなかったことからみても，共産党とは距離を取ろうとしている他の野党のスタンスも見て取れるところであろう。

　ちなみに，「市民連合」については，共産党の元政策委員長である筆坂秀世氏が平成29年11月28日付け「夕刊フジ」で，「私はかねがね，『市民との共闘』という共産党の宣伝文句を疑問視してきた。確かに『市民連合』だとか，『総がかり実行委員会』だとか，大仰な名前はある。だが，どれほどの実態があるのか。共産党は何かあれば，さまざまな運動体をつくる。だが，その多くは，共産党員が中心の運動組織であり，広範な広がりをもったことはない」と指摘している。共産党は，立憲民主党や社民党との「野党共闘」が再構築されたのは，"市民連合のみなさんの頑張りがあったから"と評価している。今次衆院選では小選挙区の単位で数多くの市民団体が立ち上がっているが，"「市民連合」等は共産党が作った運動体である"とする筆坂氏の指摘は，共産党の手法を知り尽くしている"元ナンバー4"の発言だけに，なかなか興味深いものがある。

(2)　相互推薦・相互支援

　次に，本格的な相互推薦・相互支援が実現したのか見てみよう。共産党は，今次衆院選で，立憲民主党や社民党，無所属の候補者と競合する67選挙区で公認候補を取り下げ，289選挙区中83選挙区が未擁立となった。その結果，共産党は，"全国249の小選挙区で野党勢力が一本化してたたかう体制ができた"とアピールしており，それらの選挙区では，共産党は，基本的には一本化した野党の"共闘勢力"を支援したものと考えられる。確かに，社民党との関係をみると，党本部間で相互支援に合意し，地域によっては共産党の公認候補を推薦したり支持したりした事例もみられており，今回，候補者を擁立しなかった自由党も山本太郎共同代表が共産党の公認候補の応援演説に積極的に取り組んでいる。しかし，立憲民主党との関係では，「しんぶん赤旗」を見る限りでは，党本部での合意はおろか，支持を決めた事例も確認できない。さらに，共産党の小池晃書記局長等の幹部が立憲民主党の応援演説を行うなど，積極的に支援しているが，それとは逆に，立憲民主党が共産

党を応援するような表立った動向はほとんど確認できなかった。選挙後の3
中総で，共産党が「本来，選挙協力は相互的なものであり，そうしてこそ力
を発揮することができる」と指摘しているが，共産党の候補者の取り下げが
一部を除いて一方的になったとされるように，立憲民主党との選挙協力もか
なりの温度差があったものと考えられる。また，志位和夫委員長は，解散・
総選挙が想定される中で，29年9月23日から全国遊説をスタートさせてお
り，10月14日には立憲民主党の枝野代表が選出されている埼玉5区（さいた
ま市大宮駅前）に出向いて演説を行っている。しかし，「しんぶん赤旗」で
は，「野党共闘」を訴える志位委員長を迎えても両党が一緒になって街頭で
宣伝を行った形跡は確認できない。"（立憲民主党が）共産幹部とはできるだ
け街頭で並ばない「ステルス作戦」を進める"（10月16日付け「朝日新聞」）
とされるように，共産党は，立憲民主党から一線を引かれていたものと考え
るのが妥当だろう。与野党幹部が政策などを議論した10月15日のＮＨＫの番
組でも，他党から共産党との連携について指摘された立憲民主党の福山哲郎
幹事長は，両党の競合区があることを強調し，「あまりいい加減なことをい
わないでもらいたい」などと共産党との連携を強く否定した。結局のとこ
ろ，共産党は，あくまで自主的に支援してくれる"都合の良い関係"を期待
されていただけにすぎず，共産党が目指した"相互推薦・相互支援の「本気
の共闘」"にはほど遠いものだったということではないだろうか。

(3) 「政権問題での合意」

　最後に，「政権の問題での合意」についても，立憲民主党の枝野代表が選挙
中に行われたテレビ番組の党首討論の収録で，共産党との連立政権を"全く
考えていない"とはっきりと否定している。本質的に目指すべき社会が異な
る他の野党との政権問題での合意は，現時点においては全く見通せていない。

6　衆院選にみる共産党の現状と課題

○　深刻な人材不足

　今回の衆院選に向けた共産党の候補者の擁立は，平成27年5月の茨城県で
の擁立発表を皮切りに，28年3月から本格化し，最終的には全選挙区の9割

を超える273選挙区に公認候補が発表された。しかしながら，この273選挙区のうち，23％に当たる64選挙区が現場の実務の責任者である地区委員長であった。前回の26年衆院選は，292選挙区のうち22％に当たる63選挙区が地区委員長となっており，わずかではあるが，今回は地区委員長が候補者として立候補する傾向が強まっている。

　こうした背景には，共産党の人材不足があるものとみられる。3中総では，「地区党の体制の弱まりなどから党機関が選挙実務に追われ，支部や党員の立ち上がりのための指導と援助に力を注げなかったという報告が多数寄せられている」としており，現場を取り仕切るであろう地区委員長を候補者として擁立せざるを得なかったことの影響は小さくなかったと考えられる。

　このほか，地方議員が現職のまま候補者として擁立され，その後も衆院選の直前まで現職を続けていた事例が複数みられた。地方議員が現職のまま国政選挙の候補者も兼ねれば，地方議員の活動が片手間となるのは想像に難くないが，その間も地方議員としての給与が払われているわけで，有権者にもそう簡単には説明がつかないのではないだろうか。

　共産党は，今回の衆院選で立憲民主党や社民党等との選挙協力に貢献したことをアピールしている。しかしながら，実際のところは，全ての選挙区に候補者を擁立できるだけの余力はなくなっている組織的な事情があり，「野党共闘」で候補者を擁立しないこと自体が，共産党にとっては"願ったり叶ったり"であったのかもしれない。

> （注19）　地方議員が現職のまま発表され，直前まで現職を続けていたことが確認できた事例
> 　舩山由美（東北比例，仙台市議），白川よう子（四国比例，香川県議），毛利榮子（長野4区，長野県議），上田さち子（兵庫7区，西宮市議），楠本文郎（和歌山3区，御坊市議），宮嶋つや子（福岡8区，飯塚市議），黒木万治（宮崎2区，日向市議）の各氏

○　今回の「野党共闘」は党建設には直結せず

　共産党は，今次衆院選をめぐって，「一貫して，ブレずに，共闘の大義を断固として守り抜いた党への信頼が広がっている」，「政党としての大道をいく党への支持と共感が広がっている」などと訴えていたが，今回の「野党共

闘」は，共産党が重視する党建設に結びついていたのだろうか。

　投票月である10月中の党員拡大の結果をみると，192人と29年中では最も少ない入党者数にとどまった。28年からみても１か月の入党者数が200人を割り込んだ事例はなく，非常に少ない成果であったといえるだろう。10月中の機関紙拡大についても，日刊紙3,531人，日曜版１万0,140人の減少と大幅な後退となっており，こうした結果を見る限りでは，今回の「野党共闘」が党建設に直ちに結びついているとはいえそうもない。[注20]共産党は，今回の衆院選を通じて，「３野党と市民が連携・協力して選挙戦をたたかうなかで，全国のいたるところで『共闘の絆』『連帯の絆』がつくられ，私たちはたくさんの新しい友人を得ることができた」と強調しており，そうした新たな繋がりが今後の党建設に結びつくか注目されるところであろう。

　　　（注20）　入党者数と機関紙拡大数の増減の推移（一部推計を含む）

　　※　機関紙拡大数は，日刊紙と日曜版の拡大数合計で表示

○　SNSを駆使するも若者には支持が広がらず

　共産党は，選挙権年齢を20歳から18歳に下げてから初の衆院選となった今回の選挙で，インターネットやSNSを活用した情報発信に力を入れた。これは，共産党が課題としている若者への支持拡大を狙っての側面が大きかったと考えられる。

今回の衆院選では前回同様，インターネット上に「2017年衆議院選特設サイト」を立ち上げ，政策や演説日程などを紹介したほか，小池晃書記局長も進行役を務めた「とことん共産党」と称する生放送のネット番組を連日放送し，投票日前夜には志位委員長も生出演した。SNSの活用では，今回初の取組として，「比例は共産党」を訴える動画を拡散する「＃Hold your hand」キャンペーンを展開し，「このままアノ政権でいきますか」，「それでも希望と呼ぶのですか」と問いかけるアニメなどの短い動画も公開した。

　しかし，共同通信の出口調査によると，18〜19歳の有権者の中で共産党を支持すると答えたのは3.3％で，全ての年代の平均5.3％を大幅に下回る結果となった。他方，最も支持が多かったのは自民党の39.9％で，大きく水をあけられており，政党別でみると6番目[注21]になっている。こうした結果からもわかるとおり，選挙戦を通じて若者受けする情報発信に力を入れたものの，若年層に支持が特に広がっていないことがうかがわれる。

> **（注21）** 共同通信社が10月22日に全国の投票所で実施した出口調査によると，18,19歳の支持政党は，自民39.9％，希望10.9％，立憲7.0％，公明6.5％，維新3.9％，共産3.3％，社民1.0％，その他3.7％，支持政党なし24.1％で，有権者全体では，自民36.0％，立憲14.0％，希望11.8％，公明5.4％，共産5.3％，維新3.8％，社民1.1％その他3.8％，支持政党なし18.8％となった。

○　財政的な課題

　ここで財政面にも目を向けてみよう。共産党は，小選挙区の供託金（1選挙区300万円）を，党中央が創設した「国政選挙供託金支援基金」[注22]と，下部組織の募金活動で負担することとされているが，29年10月の2中総では，党中央の基金が負担する金額を200万円から230万円に引き上げている。近年の衆院選では，その度毎に党中央の基金の負担分を引き上げており，下部組織の負担を軽くする措置を講じている。今回の2中総では，その理由に詳しく言及することはなかったが，党内では，高齢化が依然として進んでいるため，必然的に現役世代の割合が少なくなっていると考えられる[注23]。そうした状況のもとでは，年々，下部組織の募金活動が集まりにくくなっていることが推察され，それが故に，党中央の負担分の引き上げに繋がっていると考えるのが自然ではないだろうか。

(注22)「国政選挙供託金支援基金」

　　共産党は，18年1月の第24回党大会で，「衆議院小選挙区選挙供託金支援基金」
を創設し，1選挙区に150万円を基金から支給することを決めた。その後，19年9
月の5中総では，名称を「衆議院選挙供託金支援金」に変更し，支給対象を比例
代表の候補者にも広げた。22年1月の第25回党大会では，適用対象を参院選にも
拡大し，基金の名称を「国政選挙供託金支援基金」に改めた。24年5月の全国活
動者会議では，小選挙区の党中央の負担を180万円に変更し，26年11月の全国都道
府県委員長会議で党中央の負担を200万円に引き上げ，29年10月の2中総では党中
央の負担を230万円に引き上げた。

(注23)　党内の高齢化

　　党員の年齢構成は，平成22年9月に開催された第26回大会期の2中総で，「65歳
未満の党員は約6割，65歳以上の党員が約4割という構成である」と公表して以
降，明らかにしていないが，29年1月19日付け「朝日新聞」では，「65歳以上が半
数を占める」と報じられている。

7　今後への影響

(1)　党内で党中央への不満が高まる可能性

　共産党は，今次衆院選で，野党間での選挙協力の成功を目標に掲げ，党中
央の主導で野党間の協議を進めたが，結果として，野党が政権を奪取した場
合の政権問題での前向きな合意はおろか，当選を果たした3野党の"共闘勢
力"の8割を占める立憲民主党との相互推薦や相互支援に持ち込むことがで
きなかった。選挙後に出された「常任幹部会声明」では，志位委員長の選挙
後のコメントと同様に，「立憲民主党が躍進し，市民と野党の共闘勢力が全
体として大きく議席を増やしたことは，私たちにとっても大きな喜び」と評
価した。しかし，共産党が自らも認めているとおり，野党間での協議が進ま
ない中での候補者の取り下げは，その多くが一方的なものとなり，共産党の
議席がおよそ半減するなど，結果に結びつかなかった。党中央は，今回の惨
敗の最大の教訓を党勢拡大としているが，党中央が主導した「野党共闘」が
成功しなかったにも関わらず，今回の衆院選の結果から引き出された総括や
教訓がこれまでも課題とされてきた"自力の問題"とし，下部組織に責任を
押し付けるような主張を繰り返すならば，今後，下部組織の不満は高まり，

26

執行部への批判が強まっていくのではないだろうか。

⑵　立憲民主党の存在は，共産党にとって参院選や地方選の脅威に

立憲民主党の誕生は，共産党にとって今後の脅威になる可能性がある。それは，衆院選後も野党で最も高い支持率を維持しているためである。[注24]

共産党は，平成29年12月に開かれた３中総で，次期参院選（31年）の対応について１人区で立憲民主党等との「野党共闘」を目指す方針を示している。共産党が求める相互的な選挙協力が実現するかはさて置いて，今回の衆院選と同様に，立憲民主党に注目が集まる状況となれば，比例票を伸ばすことは難しくなると考えられる。さらに，31年夏に行われる参院選は，25年の参院選の任期満了に伴うもので，25年の参院選は，共産党が選挙区で３議席（東京，大阪，京都）を獲得している。このうち，定数４の大阪と定数２の京都の選挙区は，民主党（当時）に競り勝って最終議席を獲得した経緯があり，立憲民主党が候補者を擁立すれば議席を失う可能性もある。

こうしたことは，統一地方選でも同様である。共産党は，前回の27年統一地方選で結党以来初めて全都道府県議会で議席を獲得したが，これは，民主党の支持率の低迷に伴い，共産党に票が入りやすい情勢にあったためである。しかし，立憲民主党は今後，勢力の拡大のため，31年統一地方選を視野に地方組織の立ち上げを進めており，こうしたことは，共産党にとって逆風になりかねない。今後，共産党が「野党共闘」で選挙に臨んでも，"共産党の議席が伸びず，むしろ，立憲民主党だけが伸びる"という矛盾を抱える可能性があり，そうした結果は，党内の士気にも大きく影響すると考えられる。

> （注24）　30年１月20，21日に実施した産経新聞とFNNの合同世論調査の結果
> 　　自民党40.8%（37.7%），立憲民主党14.8%（13.9%），希望の党1.3%（2.3%），公明党4.1%（4.1%），民進党0.7%（1.8%），共産党3.4%（4.3%），維新3.0%（2.4%），自由党0.6%（0.4%），社民党0.5%（0.6%），その他の政党1.4%（0.9%），支持なし29.0%（31.1%），わからない0.4%（0.5%）
> 　　なお，この世論調査は全国から無作為に抽出された満18歳以上の1,000人を対象としたものである。（　）内は前回，29年12月16，17日に実施した結果を表記している。

おわりに

　平成27年9月，安全保障関連法の成立に伴い，「国民連合政府」構想を提唱し，本格的に「野党共闘」路線へと舵を切った共産党。同路線に基づき，共産党は現在まで，他党に対する協調的かつ柔軟な姿勢を示してきた。かつて「自共対決」を標榜し，与党のみならず野党までも批判の対象とし，党独自の存在感を押し出そうとしていた姿勢から比較すると隔世の感すらある。しかし，共産党は本当に変わったと言えるのだろうか。不破哲三前議長は，29年7月の「日本共産党創立95周年記念講演会」の中で，党綱領について「（綱領には）……半世紀にわたる私たち自身の政治活動の経験・教訓が，全面的に反映しています。その党綱領の真価が，国内的にも国際的にもためされる時代を迎えた」とその堅持を訴えている。また，党名については，総選挙後に行われた，とある市民との集会で，志位委員長が「党の理念や理想，95年の歴史がぎゅっと詰まっている。……こんな大事な良い名前を絶対に変えるつもりはない」と語っている。これらのことから明らかなように，共産党の本質は変わっていないし，彼ら自身も変える気はないようである。

　共産党は，今後も引き続き「野党共闘」路線を歩むことを明言している。では，共産党が推し進めようとしている「野党共闘」の真の姿とは何か。それは，将来的な社会主義・共産主義社会の実現に向けた一歩として，さしあたって一致する目標の範囲で「統一戦線」を形成するという党綱領の内容の実践にほかならない。このことは，志位委員長の「日本の政治を変えるには，この道（野党共闘）しかありません。……統一戦線によって社会変革を進めるということは，党綱領の大方針であります」との言葉（3中総「志位委員長の幹部会報告」）にも如実に現れているといえよう。

　読者諸兄には，共産党のこうした"狙い"についても冷静に見定めていただきたい。

平成29年の日本共産党の
動向を振り返って

〜「野党共闘」の真価が問われた1年〜

は じ め に

　「『勝利の方程式』をつかんだ」，「『共産党を除く（共産党を日本の政治から締め出す）』という『壁』が崩壊した」。平成29年冒頭の共産党は，これまでの「野党共闘」路線に対する自信と新しい年への意気込みに満ちていた。

　志位和夫委員長は，仕事始め式である「党旗びらき」（1月4日）で，目前に迫っていた3年ぶりの開催となる日本共産党大会に野党3党・1会派の代表が来賓として出席し，挨拶することを明らかにし，"95年の党の歴史でも初めてであり，格別の意義を持つ"と胸を張った。また，前年（28年）の参議院議員通常選挙（以下「参院選」という。）や新潟県知事選挙での野党共闘の成果を捉えて，"この1年で野党と市民が「大義の旗」を掲げ，「本気の共闘」に取り組めば，自民党を打ち破ることができる「勝利の方程式」をつかんだ"と意気揚々と語った。

　続く第27回党大会（1月15日から18日）では，政治対決の構図を「自公と補完勢力」対「野党と市民の共闘」と位置付け，"「日本共産党を除く」という「壁」が崩壊し，日本共産党は，新しい対決構図の一方の極で，重要な役割を果たしている"として，「野党連合政権」の樹立に向けて，次期衆議院議員総選挙（以下「総選挙」という。）での野党共闘を目指すことを強調した。

それから9か月，「勝利の方程式」が試されることとなった総選挙では，衆議院解散前後の急激な野党再編の煽(あお)りを受け，野党共闘が不調に終わり，結局，共産党は，21議席から12議席へ減少させる惨敗を喫した。平成25年の参院選から始まったとされる「第3の躍進」はここに失速したが，選挙戦を通じ全国で野党と市民との「共闘の絆」，「連帯の絆」が作られたとして，共産党は，今後も引き続き野党共闘路線の発展に取り組む意欲を示した。

　本稿では，過去の野党共闘の経緯にも触れながら，29年中の共産党の野党共闘をめぐる動向を振り返り，今後の見通しについて考察することとする。

（注1）　安住淳・民進党代表代行，小沢一郎・自由党共同代表，吉田忠智・社民党党首，糸数慶子・沖縄の風代表
（注2）　28年7月の参院選では，全国32の1人区全てで4野党（共産党，民進党，生活の党（当時），社民党）が候補者を一本化し，11議席を獲得した。25年参院選では，31の1人区で，野党候補は2議席の獲得にとどまっていたことと比較して，マスコミも共闘の成果と報じた。また，28年10月の新潟県知事選挙では，次期総

平成28〜29年の主な動き

平成28年	2月19日	5野党党首会談（第1回）
	3月27日	「民進党の結成」（民主党と維新の党が合流）
	4月24日	衆議院議員補欠選挙・投開票（4月12日告示）（北海道5区・京都3区）
	7月10日	参議院議員通常選挙・投開票（6月22日公示）
	7月31日	東京都知事選挙・投開票（7月14日告示）
	10月12日	「生活の党」が「自由党」へ党名変更
	10月16日	新潟県知事選挙・投開票（9月29日告示）
	10月23日	衆議院議員補欠選挙・投開票（10月11日告示）（東京10区・福岡6区）
平成29年	1月4日	党旗びらき
	1月15日〜18日	日本共産党第27回大会
	3月29日	志位委員長が国連会議に初参加・初演説（3月22日〜4月1日訪米）
	4月1日	「しんぶん赤旗」第1面に年号併記※日曜版は4月9日から
	7月2日	東京都議会議員選挙・投開票（6月23日告示）
	9月25日	安倍晋三首相が衆議院の解散を表明
	9月25日	「希望の党」結成
	9月28日	衆議院解散
	10月3日	「立憲民主党」結成
	10月10日	衆議院議員総選挙・公示
	10月22日	衆議院議員総選挙・投開票

選挙新潟５区の民進党公認候補に内定していた米山隆一氏が，民進党を離党の上，野党統一候補として出馬し，民進党を除く野党３党が推薦した。同県知事選挙では，柏崎刈羽原発の再稼働問題の争点化が奏功し，野党統一候補が当選した。

1　党旗びらき（平成29年１月４日）

　志位委員長は，１月４日の「党旗びらき」で，１月15日から始まる第27回党大会で野党３党・１会派の代表が挨拶することを明らかにし，"(他党の参加は)党史上初めてであり，これまでの野党と市民の共闘の発展を体現するものであり，格別の意義を持つ"として野党共闘の一層の深化を強調した。また，前年（28年）の各種選挙戦における野党共闘の成果を捉えて，"野党と市民が「大義の旗」を掲げ，「本気の共闘」に取り組めば，自民党を打ち破ることができる「勝利の方程式」をつかんだ"と自信あり気に語るとともに，"今年（29年）を，野党連合政権に向けた新たな一歩を記録する年とするために奮闘する"と決意を語った。

　「党旗びらき」は，共産党の１年間の取組方針，展望等が委員長より述べられる党の重要な行事であるが，29年の「党旗びらき」における志位委員長の挨拶は，全体として「野党共闘」に向けた意気込みが色濃くにじむものであった。

2　日本共産党第27回大会（平成29年１月15日〜１月18日）

　共産党は，１月15日から１月18日までの間，３年ぶりとなる党大会を開催した。今次大会で共産党は，特に，野党共闘の更に先にある目標である「野党連合政権」の実現を強く呼び掛けた。

○　野党共闘における存在感を強調〜"「共産党を除く」という「壁」の崩壊"〜

　共産党は，「党旗びらき」で言及したとおり，今次大会に他野党の代表等を来賓として招待した。他野党の代表等が党大会に出席し，それぞれ挨拶を行ったことについて，翌日の新聞各紙も，「共産，野党連携を強調　他党幹

部が初出席」などと報じた。

　志位委員長は，期間中の幹部会報告や大会決議の中で，この成果を捉えつつ，"30年余りにわたって国政を支配してきた「日本共産党を除く」という「壁」が崩壊した"，"今では，日本共産党が，（「自公と補完勢力」対「野党と市民の共闘」という）対決構図の一方で重要な役割を果たしている" などと高く評価した。また，後日ではあるが，共産党の機関誌「前衛」（3月号）の冒頭には，来賓出席した4氏のインタビューが掲載された。共産党としては，野党共闘における共産党の存在感を党内外に示すとともに，他野党との協調的な姿勢を通じてソフトイメージを演出する狙いがあったのであろう。

> （注3）　共産党は，「『日本共産党を除く』という『壁』」について，"1980年1月に，社会党と公明党との間で，共産党を除いた連合政権に向けた協議について交わした「社公合意」"，"1990年代前半の「自民か，非自民か」というキャンペーン"，"2000年代に入ってからの「二大政党による政権選択」という大キャンペーン" という "共産党を有権者の選択肢の外に追いやる「最強・最悪」の反共作戦（「カヤの外」に置く共産党排除の体制）だ" と主張している。そして，"この反共作戦による逆風によって，国政選挙で繰り返しの後退・停滞を余儀なくされた"，"「壁」が作られたことの傷痕が一番深刻な形で残されたのが，党勢の後退" などと，国会議員数及び党勢が後退した要因だとしている。

○　「野党連合政権」の実現を呼び掛け

　共産党は，27年9月の第4回中央委員会総会で，"戦争法（平和安全法制）廃止と立憲主義を取り戻す" という一点で一致する「国民連合政府」（暫定的な野党連合政権）の樹立を提唱し，他野党に対し，国政選挙での選挙協力を呼び掛けたが，「国民連合政府」の樹立について，他野党からの合意を得られなかった。このため，28年2月の5野党党首会談で，まずは選挙協力（野党共闘）を優先するために，"政権の問題については横に置く"（志位委員長）こととした。しかしながら，共産党は，28年中の参院選を始めとする各種選挙における共闘において，一定の存在感を示すことができたことに意を強くし，今次大会で，時の政治情勢を「『自公と補完勢力』対『野党と市民の共闘』という新しい対決構図が生じた」と捉えた上で，これまでの野党間における選挙協力を，「野党連合政権」の実現に向けて発展させることを

改めて呼び掛けた。また，この「野党連合政権」を，"先ざきの展望でなく，焦眉の課題"，"５年後の党創立100周年を目指して挑戦していく"ものであると位置付け，そのために取り組むこととして，①共通公約をつくる，②本格的な相互推薦・相互支援の共闘を実現する，③政権問題で前向きの合意をつくる──ことを挙げ，他野党に「本気の共闘」を呼び掛けていくこととした。

> **（注４）** 共産党，民主党（当時），維新の会（当時），生活の党（当時）及び社民党の５野党。28年３月，民主党と維新の党が合流して民進党が結成されて以降は４野党。

3　選挙協力をめぐる野党会談の実態

　共産党の党大会における「野党連合政権」の呼び掛けは，多分に，近い将来に予想された衆議院の解散・総選挙を意識してなされたものであったが，そもそも，国政選挙での共闘に向けた一連の協議の始まりは，平成28年２月19日の５野党による党首会談まで遡る。その党首会談では，①安保法制の廃止と集団的自衛権行使容認の閣議決定撤回，②安倍政権の打倒を目指す，③国政選挙で現与党及びその補完勢力を少数に追い込む，④国会や国政選挙でできる限りの協力を行う──との４点について合意がなされた。その後，共産党は，合意の具体化に向けて，総選挙までに党首会談４回（初回を除く），書記局長幹事長会談19回に臨んだほか，各級事務レベルでの協議も重ねた模様であるが，総選挙における選挙協力については，明確な合意が得られぬまま推移した。

4　第48回衆議院議員総選挙（平成28年10月10日公示，10月22日投開票）

○　政治情勢と共産党の動向
　総選挙における野党共闘に向けた協議に進展が見られない中，９月25日，安倍晋三首相が，急激に進む少子高齢化や北朝鮮情勢等を「国難」と位置付

け，衆議院を解散することを表明した。首相の解散表明と同日，小池百合子
東京都知事が「希望の党」を結成し，9月28日，臨時国会冒頭で衆議院が解
散されると，民進党は希望の党への合流を決定した。また，自由党も希望の
党への合流方針を示すなど，共闘協議を進めてきた4野党の関係に亀裂が生(注5)
じ始めた。さらに，10月2日（公示日の8日前），枝野幸男・民進党代表代
行（当時）が，希望の党に合流しなかった民進党議員らの受け皿となる「立
憲民主党」の結成を表明した（翌10月3日設立）。公示までの約2週間のう
ちに，2つの新党が結成されるなど，野党の急激な再編動向によって，与野
党の対決構図と野党の共闘構図も大きく変化した。

　共産党は，希望の党への合流を決定した民進党を，"4野党党首として何
度も確認した公党間の合意に対する重大な背信行為である"と非難した上で，
"民進党の候補者が，希望の党の公認候補となった場合には，原則として共
産党候補を擁立する"として，対立候補を立てる方針を示した。他方，立憲
民主党に対しては，同党の結成と同じ日に開催した第2回中央委員会総会
で，「連帯のメッセージ」として，枝野・立憲民主党代表の選挙区（埼玉5
区）の予定候補者の取下げを表明し，立憲民主党と社民党との3野党による
共闘関係の構築を狙った。

> **（注5）** 前原誠司・民進党代表（当時）は，「希望の党」への合流を提案し，民進党
> 両院議員総会で全会一致で了承された（9月28日）。
> 　小沢一郎・自由党代表は，"政権交代を実現するため，野党は一つになって戦わ
> ないといけないというのが持論だ"として，希望の党への合流を検討するとした
> （9月28日）。その後，現職2人（小沢一郎・岩手3区，玉城デニー・沖縄3区）
> は無所属で出馬し，自由党公認候補を擁立しないことを表明した（10月3日）。

○　総選挙における共闘

　選挙期間中，一部の選挙区では，立憲民主党の候補者が，応援に訪れた小
池晃書記局長とともに演説を行ったり，あるいは共産党の街頭宣伝車に登壇
して演説したりしたほか，別の候補者は，自身への投票を呼び掛けるハガキ
約5万枚のうち約1万枚に候補者自身の氏名のほか「比例は共産党」と印刷
するなど，一定の共闘関係もみられた。また，共産党は，3野党（共産党，
立憲民主党，社民党）の勢力一本化のため，小選挙区の予定候補者67人の出

馬を取り下げるとともに，16小選挙区での候補者の擁立も見送り，"(289小選挙区のうち)249小選挙区で野党3党として，候補者を一本化した"などと共闘を演出した。しかしながら，28年の参院選では，32の1人区全てで野党統一候補を擁立していたことと比べると，総選挙では，多くの選挙区で3野党の候補者が競合したのである。

　また，公示日の2日前に「安保法制の廃止と立憲主義の回復を求める市民連合」が主催した東京都内の屋外集会で，志位委員長と吉田忠智・社民党党首が共に登壇したが，一方で，降壇する2人とすれ違うように枝野代表が登壇するという"微妙な間合い"があり，共に並び立つことを避けたかのような印象を残すものもあったという（29年10月9日付「朝日新聞」）。さらには，枝野代表が登壇した途端，聴衆から「枝野コール」が沸き起こったとも伝えられ，3野党間でも，その支持には明らかな温度差が見られ，これは選挙結果にも顕著に表れることとなった。

　　（注6）　第48回総選挙では，「1票の格差是正」のための区割り見直しによって，定
　　　　　　数が小選挙区では6県（青森，岩手，三重，奈良，熊本，鹿児島）で，比例代表
　　　　　　では4ブロック（東北，北関東，近畿，九州）でそれぞれ1減となり，小選挙区
　　　　　　289議席，比例代表176議席で合計465議席となった。
　　　　　　　共産党は，小選挙区に206人，比例代表に65人（うち重複28人）を擁立した。

○　結　　　果

　小池書記局長は，選挙終盤（10月20日）のインターネット番組で，"これだけ野党共闘に努力したのだから，無党派の方も「比例は共産党」という選挙戦になっている"などと，議席の増加に期待を示していた。しかしながら，新たに結成された立憲民主党が注目を集め，無党派層の多くを取り込み，伸張著しかったことなどが影響したとみられ，共産党は，選挙区で1議席（沖縄1区）を維持したものの，比例代表では前回総選挙の20議席から11議席へと大きく後退した。

　こうした結果に対しても，志位委員長は，立憲民主党が55議席（公示前15議席），社民党が2議席（前同2議席）を獲得したことを捉え，"立憲民主党が躍進し，市民と野党の共闘勢力が，（公示前の）38議席から69議席へと議席を伸ばすことができたことは，大きな喜び"，"我が党は，共闘勢力一本化

のために，全国67の小選挙区で予定候補者を降ろすという決断を行い，多くのところで自主支援を行った。この決断が，共闘勢力が議席を伸ばす上での貢献となったことは結果を見れば明らかだ"などと，野党共闘の成果をアピールした。確かに，共産党が候補者を降ろした小選挙区で，立憲民主党や民進党出身の無所属候補が当選し，候補者取下げの効果が見られたところもある。しかしながら，共産党が候補者を取り下げず，立憲民主党候補と競合したために，立憲民主党候補が自民党候補に競り負けたとみられる小選挙区が複数あったことも事実である。

　共産党としては，同じ「共闘勢力」である立憲民主党の躍進にいかに貢献したかを強調することで，これまでの「野党共闘」路線に誤りがなかったことをアピールして，党内の選挙結果に対する不満を逸らすとともに，党外に向けては，民進党に代わり今後の野党共闘の軸となり得る立憲民主党に秋波を送る狙いがあったといえよう。

　　（注7）〔内閣不支持層の比例投票先（公示前）〕
　　　　読売新聞社が，解散直後（9月28日から29日）と公示日直前（10月7日から8日）に実施した全国世論調査によると，内閣不支持層の比例代表投票先では，希望の党が34％から24％へ，共産党が9％から7％へ下がる一方，新たに結成された立憲民主党は14％を占めた（29年10月9日付け「読売新聞」）。
　　　　〔無党派層の投票先（出口調査）〕
　　　　共同通信社の出口調査によると，比例代表での無党派層の投票先は，立憲民主党31％，自民党21％，希望の党18％，共産党10％，維新の会9％，公明党6％であった。なお，26年総選挙の出口調査では，維新の党22％，自民党21％，民主党21％，共産党18％，公明党7％であったことから，自民党と公明党がほぼ変わらない中，共産党と維新の党が大きく減少した形となった（29年10月23日付け「毎日新聞」）。
　　　　〔ツイッターのフォロワー数〕
　　　　朝日新聞社の報道によると，ツイッターのフォロワー（読者）数について，立憲民主党が開設（結党表明した10月2日）から3日間で13万2,000人に達し，主要政党のトップに躍り出た。一方，共産党は，3万3,000人であった（29年10月6日付け「朝日新聞」）。
　　（注8）　総選挙における共産党の比例代表での得票数（率）は，26年が約606万票（約11.37％），29年が約440万票（約7.91％）で，約166万票（約3.47ポイント）減少した。

5　今後の野党共闘の見通し

　志位委員長は，総選挙の結果について，"（野党共闘が）大きな成果を上げた"と強調し，次期参院選（平成31年）では，"政策協議や候補者調整をしっかりやり，基本的な野党共闘をしたい"として，引き続き野党共闘路線を維持する意欲を示した。しかし，その一方で，枝野代表は，次期参院選での野党共闘について，"ギリギリ許されるのは，（野党候補の乱立によって政権に）漁夫の利を得させない棲み分けである"などと慎重姿勢を見せている。「棲み分け」とは，すなわち，「相互推薦」のない候補者の一本化であり，共産党が求める「本気の共闘」や「野党連合政権」には，現時点では応じられないということを言外に匂わせている。

　また，総選挙後に民進党代表に就任した大塚耕平氏は，就任挨拶で，今後の国会対応について，"（立憲民主，希望の党，民進党の）「3党物語」でしっかり連携して政権交代に向けて歩みを進めたい"と述べており，同氏の構想の中にも，やはり共産党は含まれていないようである。

　こうしたことから，現状は，"共産党を除く壁"が依然として高くそびえ立っているような状況にあるといえ，野党共闘路線の今後の見通しは決して明るいものとはいえないであろう。

6　党勢拡大の動向

　最後に，共産党の党員数や「しんぶん赤旗」読者数についても触れておきたい。

　志位委員長は，総選挙の惨敗結果について，共産党の「力不足」を敗因に挙げた上で，"力をつけて捲土重来を期したい"と述べ，次の国政選挙と統一地方選挙（平成31年）での反転攻勢に向け，党員拡大を根幹に据えた党勢拡大に取り組むことを呼び掛けた（10月23日付け「常任幹部会声明」）。

　ところで，党員数及び「しんぶん赤旗」読者数は，現在も減少傾向に歯止めがかからず，共産党はことあるごとに党勢拡大を呼び掛けている。

　党員数については，26回大会期（26年1月～29年1月）で，約30万5,000

平成29年の日本共産党の動向を振り返って　**37**

人から約30万人へ約5,000人減少したことが27回党大会で公表されたが，あわせて，この期間中，約2万3,000人が入党したものの，約1万3,000人が死亡したことも明らかにされた。これに基づけば，死亡者以外に離党又は除籍となった党員が約1万5,000人に上ることとなる。しかしながら，3年の間に約1万5,000人が離党・除籍とは穏やかではない。「しんぶん赤旗」では，"どういう経歴か分からない人には決して入党を働き掛けてはいけない"，"ごく一部とはいえ，生活相談で結びつき，相手の経歴などよく知らないまま党に迎えた人が，直後に党に損害を与えたなど，「いちじるしく反社会的で，党への信頼をそこなう人」（規約第6条）だと分かり，入党を取り消す，除籍するなどの問題が生じている"（29年5月21日付け「しんぶん赤旗」）といった記事が掲載されたことがある中，同種の記事が，過去にも掲載された経緯があり，党勢拡大の呼び掛けの一方で，様々な問題が生じていることもうかがえる。

また，「しんぶん赤旗」の読者数の増減については，一つの特徴的な傾向がみられる（グラフ参照）。その傾向とは，国政選挙や統一地方選挙のような全国規模での選挙の直前や党勢拡大の「大運動」に取り組んでいる期間のみ増加し，その直後は，それまでの増加分以上の減少に転じることを繰り返すというものであり，共産党自身も，「（党）大会が終われば減らす，選挙が終われば減らすという悪循環」（29年2月7日「全国都道府県委員長会議」）であると認めているところである。

これらを踏まえると，今回の総選挙後の党勢拡大の呼び掛けも，成果が期

「しんぶん赤旗」読者拡大数の推移（平成28年1月～〔単月〕）

	H28.1	H28.2	H28.3	H28.4	H28.5	H28.6	H28.7	H28.8	H28.9	H28.10	H28.11	H28.12	H29.1	H29.2	H29.3	H29.4	H29.5	H29.6	H29.7	H29.8	H29.9	H29.10
日刊紙	-1,023	-391	+334	+924	+313		-6,559	-621	+400	+662	+1,420	-448	-2,136	-1,592	+223	+281	-628	-402	-1,027	+1,516		-3,531
日曜版	-3,037	-1,065	-5,071	+2,340	+4,170	+1,154	-28,856	-6,453	+165	+2,970	+3,545	+3,834	-2,526	-5,784	-12,338	+1,391	+954	-2,873	-1,832	-4,029	+3,876	-10,140

待できるものではなく，党員不足と機関紙減紙の抜本的な解消とは程遠いものとなろう。

おわりに

　共産党は，平成28年中，参院選を始めとする各種選挙において，"共闘を前進の軌道に乗せ，共闘を実践，体験し，「やればできる」という経験をつくり出す"ため，公認の予定候補者を降ろすなどして，野党統一候補の擁立に尽力し，一部では勝利を収めるなど，野党共闘の一定の有効性を実証して見せた。そして，29年は，共産党にとって，その野党共闘を「本気の共闘」の高みにまで押し上げ，「野党連合政権」に向けた確かな展望を開く年となるはずだった。しかしながら，これまでの野党共闘の真価が問われる総選挙では惨敗に終わり，逆に他野党との選挙協力における大きな"壁"を思い知らされた１年となったのではないだろうか。こうした結果を受けてもなお，野党共闘に固執する共産党が繰り出す次の一手はどのようなものであろうか。志位委員長の指導力が一層問われよう。

（平成29年11月17日記）

日本共産党
第27回大会の注目点
〜「野党共闘」を強調した党大会〜

はじめに

　日本共産党は，平成29年１月15日から18日までの４日間，静岡県熱海市内の党施設である伊豆学習会館に代議員，評議員，他野党代表，外国来賓等を集め，前回大会から３年ぶりに第27回党大会を開催した。

　今回大会は，共産党が27年９月の平和安全法制成立以降推し進める「野党共闘」路線を維持する中での開催であり，規約で「党の最高機関」と定める党大会に歴史上初めて他野党代表を来賓として招待し，次期衆院選に向けた野党共闘をアピールした点が特に注目された。党中央人事についても，前回大会から３年ぶりの党大会であり，どのような人事決定がなされるかが注目されたが，結局のところ，志位和夫委員長以下の指導部体制の顔ぶれに変化はなく，また，不破哲三前議長（86歳）も引き続き常任幹部会委員に再任され，その地位にとどまることとなった。その他，組織の理念や将来像の違う他野党との共闘が進めば将来的に障害ともなり得る綱領・規約の改定はなく，現綱領路線が維持された。

　本稿では，今回大会の主題ともいえる野党共闘を中心に，第27回党大会を振り返ってみたい。

（本文中の年齢については党大会開催時）

1　大会の注目点

(1)　野党共闘
○　党史上初めて他野党代表が党大会に出席

　共産党は，大会来賓として，民進党から安住淳氏，自由党から小沢一郎氏，社民党から吉田忠智氏，沖縄の風から糸数慶子氏の3野党・1会派の代表等を招待した。これまで党大会の国内来賓は，共産党と関係のある労組・大衆団体の関係者が中心であったが，今回は，それらの団体に加え，党史上初めて他野党代表等が出席し，それぞれ挨拶を行った。翌日の新聞紙面では，「共産，野党連携を強調　他党幹部が初出席」などと報じられた。

　志位委員長は，「大会決議案」の報告の中で，最近の一連の野党共闘の動きについて，「30年余にわたって国政を支配してきた『日本共産党を除く』という『壁』が崩壊したことは，日本の政治にとって巨大な前進となった」と高く評価した。同じ野党といえども，これまでは"共産党外し"が常であ

第27回共産党大会で手を取り，「がんばろう」の声をあげる（壇上右から）社民党の吉田忠智党首，自由党の小沢一郎代表，志位和夫委員長，民進党の安住淳代表代行ら（2017年1月15日，静岡県熱海市，時事）

日本共産党第27回大会の注目点　41

ったところ，今回，規約で「党の最高機関」と定める党大会への他野党代表等の出席が実現したことにより，党内外に野党共闘を一段とアピールすることに成功したといえよう。

次期衆院選に向けた野党各党との選挙協力については，「大会決議」の中で，来るべき総選挙を“現政権を打倒し，野党連合政権の実現に向けて一歩踏み出す選挙”と位置付け，野党各党との「３つの合意」（①共通公約，②相互推薦・相互支援，③政権問題）の実現を目指すとした。

しかしながら，現在までのところ，小選挙区において野党統一候補が擁立されるなどの具体的な進展はみられない。そのため，共産党は，選挙協力の条件として提案している「３つの合意」のうち，「相互推薦」や「政権問題での合意」を協議の条件にしないことを改めて表明するなど，段階的にハードルを下げているが，“（野党共闘を最優先とし，１人区のほとんどで党公認候補を取り下げた）参院選のようには一方的に候補者を下ろさない”と共闘一辺倒ではない姿勢も示し，他野党をけん制している。

共産党は，こうした硬軟両様の姿勢を使い分けながら，今後も他野党へのアプローチを継続し，次期衆院選に向けた野党共闘，ひいては「野党連合政権」の合意形成を追求していくものとみられる。

○　対決構図は，「自共対決」から「『自公と補完勢力』対『野党と市民の共闘』」へ

共産党は，「大会決議」で，新たな政治対決の構図を「『自公と補完勢力』対『野党と市民の共闘』」と提起し，前回大会で主張していた「自共対決」という構図を変更し，ここでも「野党共闘」重視の姿勢を示した。ところで，今でこそ野党共闘を重視する共産党であるが，３年前の前回大会では，「自民党と共産党との間の受け皿政党が消滅した」などと訴え，共産党こそが政権与党に対する唯一の対抗軸であることを強調し，これを「自共対決」という表現でアピールしていた。

この「自共対決」という表現であるが，その都度言い回しは変わっているものの，「自民党と共産党との対決」（昭和45年・第11回党大会），「自・共対決」（48年・第12回党大会），「自共対決」（平成９年・第21回党大会，26年・第26回党大会）などと，共産党では割と古くから使われてきた表現であり，

この表現が使われる時期は，共産党が国政選挙で議席を増やした時期と重なる。いわゆる「第1の躍進」（1960年代終わり〜70年代），「第2の躍進」（1990年代後半），そして，約15年ぶりに議席増加へと転じた平成25年7月の参院選以降の「第3の躍進」である（別表1参照）。共産党による自民党への批判は珍しくないものの，「自共対決」といったキャッチフレーズが出現する時期は，「躍進」を踏まえ，特に党内の士気が高揚している時期であるといえる。

　今回大会も，26年末の衆院選での躍進（8議席→21議席），28年7月の参院選での躍進（改選3議席→6議席）を受け，党内の士気が高揚しているであろう時期の開催であり，これまでの傾向からすれば，前回大会から引き続き「自共対決」の表現を維持してもおかしくないところであるが，今回大会では，前述のとおり，「『自公と補完勢力』対『野党と市民の共闘』」に変更している。こうしたことからも，共産党が「野党共闘」路線に並々ならぬ意気込みを持って臨んでいることがうかがえる。

【別表1】

	対決構図	国政選挙	主な政党の党派別当選人数
第1の躍進	「自民党と共産党との対決」 （S45.7　第11回党大会）	32回衆院選 （S44.12）	共産党　5議席→14議席（約20年ぶりに2桁議席を獲得） 自民288（+11），社会90（−50），公明47（+22），民社31（+1）
		9回参院選 （S46.6）	共産党　3議席→6議席 自民62（−9），社会39（+3），公明10（−1），民社6（+3）
	「自・共対決」 （S48.11　第12回党大会）	33回衆院選 （S47.12）	共産党　14議席→38議席 自民271（−17），社会118（+28），公明29（−18），民社19（−12）
		10回参院選 （S49.7）	共産党　4議席→13議席 自民62（−7），社会28（±0），公明14（+1），民社5（−2）
第2の躍進	「自共対決」 （H9.9　第21回党大会）	17回参院選 （H7.7）	共産党　5議席→8議席 自民46（+10），社会16（−30），新進40 ※ 新進党は，結党後初めての参院選
		41回衆院選 （H8.10）	共産党　15議席→26議席 自民239（+16），民主52，社民15（−55），新進156 ※ 民主党及び新進党は，結党後初めての衆院選
第3の躍進	「自共対決」 （H26.1　第26回党大会）	23回参院選 （H25.7）	共産党　3議席→8議席 自民65（+31），民主17（−27），公明11（+1），社民1（−1），日本維新8（+6）
		47回衆院選 （H26.12）	共産党　8議席→21議席 自民291（−4），民主73（+11），公明35（+4），維新41（−1），社民2（±0），次世代2（−18），生活2（−3）

○　「野党連合政権」構想を盛り込んだ大会決議を採択

　志位委員長は，大会初日，中央委員会報告を行い，「野党連合政権」構想を盛り込んだ「大会決議案」について説明した。その中で，「当面の一致点で協力することが，政党間の共闘の当たり前の姿であり，それは選挙協力だけではなく，政権協力でも基本に据えるべきこと」，「日本共産党は，『国民連合政府』という暫定的な野党連合政権の構想を提案しているが，野党連合政権についても，真剣な協議をつうじて，前向きの合意を得るために知恵と力をつくす」などと，選挙協力のみならず政権協力の必要性も訴え，野党と市民の共闘を発展させて「野党連合政権」を樹立するとの構想を打ち出した。

　ところで，共産党はこれまでにも数々の政権構想を提唱してきた。最近では，平成27年9月の第4回中央委員会総会（以下「○中総」という。）において，「野党は共闘」との平和安全法制に反対する勢力の声を受けて，平和安全法制廃止の一点で一致する「国民連合政府」構想の樹立を提唱し，同構想で一致する野党各党に対し，国政選挙での選挙協力を呼び掛けている。選挙協力については，28年7月の参院選の1人区で野党統一候補を擁立するなど，一定の共闘関係が形成されたものの，共産党が提案した「国民連合政府」構想については，他野党からの賛同が得られず，実質的には頓挫した状態であった。

　こうした中，今回改めて「野党連合政権」構想を掲げたわけであるが，共産党が打ち出す政権構想は，全て綱領に裏付けられた既定路線であり，何ら斬新な方針提起ではない。共産党の綱領では，まず，民主主義革命を行い，その後，社会主義革命を行って社会主義・共産主義の実現を目指すという，二段階革命論を採っている。第一段目の民主主義革命は，共産党と労働者，勤労市民，農漁民，中小企業家，知識人，女性，青年，学生等を結集した統一戦線によって作られる「民主連合政府」が実行すると規定されている。この「民主連合政府」を作るには至らないが，綱領に掲げた民主的改革の幾つかの目標で一致する場合には，「さしあたって一致できる目標の範囲で統一戦線を形成し，統一戦線の政府をつくる」としている。志位委員長は，「国民連合政府」構想を提唱した4中総で，「民主連合政府」の樹立が一貫した

44

目標であるとした上で，「国民連合政府」の綱領上の位置付けについて「さしあたって一致できる目標の範囲」での統一戦線政府と説明している。今回の「野党連合政権」についても，「国民連合政府」同様，この「さしあたって一致できる目標の範囲」での統一戦線政府と位置付けられる。

　統一戦線戦術とは，共産党が，革命の勢力基盤として，共通の政治目標を有する政党，労組，大衆団体等，広範な人民大衆を結集し，政治的な闘争組織である統一戦線を形成する戦術である。「日本共産党第23回大会における綱領改定の分析」（「治安フォーラム」平成17年12月号）でもお伝えしているが，党綱領に示された統一戦線の結集対象の範囲は，民主主義革命の段階では「独立，民主主義，平和，生活向上を求めるすべての人びと」であるのに対し，社会主義革命の段階では「社会主義への前進の方向を支持するすべての党派や人びと」となっており，狭くなっていることが分かる。つまり，共産党が将来的に目指す革命は，最終段階に進むにつれ，その結集対象が限定されていくこととなる。今は他野党との共闘に注力するものの，いずれは現在の共闘相手もまた，共産党の都合のいいように切り捨てられ，将来的には社会主義・共産主義の実現を目指す勢力のみが革命を遂行するということになる。

　共産党は，次々に政権構想を打ち出してはいるものの，これらは全て共産党の綱領に基づくものであり，共産党が将来的に目指す社会主義・共産主義の実現に向けた単なる一つのプロセスに過ぎない。共産党がその先に見据える真の狙いを見誤ってはならない。

⑵　**党中央人事**

○　「志位―小池」体制を継続，指導部体制に変更なし

　党三役は，志位和夫委員長（62歳），小池晃書記局長（56歳）がそれぞれ再任され，また，副委員長は，市田忠義（74歳），緒方靖夫（69歳），田村智子（51歳），浜野忠夫（84歳），広井暢子（69歳），山下芳生（56歳）の6氏がいずれも再任となった。志位委員長は，大会最終日の閉会挨拶で，指導部体制を変更しなかった理由について「開始した野党共闘の路線を成功させる責任を考えて，三役の体制は継続が適切であると考えた」と説明しており，当面の間は，野党共闘を重視した現行路線が維持されることとなる。

千載一遇のチャンスともいえる野党共闘を上手く軌道に乗せるためには，執行部の人事に慎重を期す必要があったのかもしれないが，党三役の平均年齢は約65歳と決して若くはない。志位委員長は，平成12年11月，46歳という若さで委員長に就任しており，約16年間も委員長を務めている。志位氏の前任である不破氏の委員長在任期間もまた，議長職に就くまでの約17年間（副議長に就任していた約1年半〔昭和62年11月～平成元年6月〕を除く。）と長期に及んでいる。「民主集中制」を組織原則とするからこそ，このように長期間にわたって組織のトップの座にとどまることができるのであろうが，いずれにしても共産党の特質であることにほかならない。

○　不破前議長は常任幹部会委員に留任する一方，「不信任8票」との報道も

　不破哲三前議長（86歳）は，中央委員に再任され，実質的な党の最高意思決定機関ともいえる常任幹部会委員（志位委員長以下25人で構成）にとどまった。また，党大会後に開催された常任幹部会で専門部人事が決定され，引き続き社会科学研究所所長に再任された。

　かつて日本共産党の最高指導者であった宮本顕治氏は，平成9年の第21回党大会で88歳という年齢で議長職から退いて，名誉議長に就任し，実質上引退した。現在の不破氏との年齢差は僅か2歳である。元日本共産党政策委員長の筆坂秀世氏の著書『日本共産党』によると，宮本氏の引退は，"不破委員長等の説得によるもので自発的なものではなかった"とのことであり，委員長であった不破氏が，当時の最高幹部である宮本氏に引導を渡したことになる。党大会は，規約上2年から3年の間に開催するとされており，次期大会では，不破氏もまた，宮本氏の引退年齢に達することとなる。依然として党内に影響を及ぼす不破氏の次期大会での去就が注目される。

　なお，党大会後の報道では，代議員による中央委員の投票結果について「志位委員長が満票だったのに対し，不破前議長に8人（代議員数の約1％）が信任票を投じなかった」と報じられている（平成29年1月19日付け「東京新聞」）。過去の不信任状況については，当時の報道により，第21回（9年）及び第24回（18年）の各党大会時における不信任票が判明しているが，今回大会では，過去に比べ僅かではあるものの，不破氏への不信任票の割合が増加している。

【過去の党大会における不信任票】（報道により判明した不信任票のみ）

不破氏・志位氏に対する不信任票		
第21回（H9）	不破委員長　　2票（同0.2%）	志位書記局長　1票（同0.1%）
第24回（H18）	不破常幹　　　3票（同0.3%）	志位委員長　　5票（同0.5%）

※　第21回は平成9年9月27日付け「読売新聞」，第24回は18年1月15日付け「毎日新聞」で，不破氏及び
　　志位氏への信任状況についてそれぞれ報じている。

○　中央役員214人を選出。平均年齢は前回比で僅かに上昇

　中央役員は，中央委員164人（前回大会比11人増），准中央委員50人（同5人増）の合計214人（同16人増）を選出した。中央役員の平均年齢は57.7歳（同0.5歳増），最高齢は不破前議長（86歳），最年少は小山農民青同中央委員長（29歳）であった。中央役員の平均年齢は，前回大会に比べ僅かに上昇しており，全体的に見れば若返りが図れていない。

　共産党は，今回の中央委員会人事について，「ベテランの幹部と若い新しい幹部の双方の力を最大限発揮できる構成」と説明している。常任幹部会委員の人事では，今回選出された25人中23人が再任である一方，新たに国会議員1期生の辰巳孝太郎氏（40歳）や前民青同中央委員長の田中悠氏（35歳）の2人の若手が起用された。大会前の常任幹部会委員の最年少は，藤野保史氏（46歳）であったが，30歳代という若さの起用は，志位委員長（就任年齢35歳，合わせて書記局長に就任）以来で年齢的には異例の早さである。

　共産党にとっては，将来の幹部候補を育成し，世代交代を進めることが急務ではあるが，多くの古参幹部を再任した背景には，千載一遇の野党共闘を大過なく進めるために慎重な人事を行わざるを得ない党内事情があるものとみられる。

(3)　党　建　設

○　党現勢は，「党員約30万人，機関紙読者約113万人」と報告

　共産党は，これまでの党大会等で，党現勢（党員数，機関紙読者数）について発表しているが，今回大会では，党員数を約30万人（前回大会比5,000人減），機関紙読者数を日刊紙及び日曜版の合計で約113万人（同11万1,000人減）と公表した。

　党員数については，平成22年の第25回党大会以降，実態のない党員を整理

日本共産党第27回大会の注目点　**47**

したことにより，第26回党大会では，第25回党大会時の約40万6,000人から約30万5,000人に大幅に減少したが，今回は微減であった。機関紙読者数については，昭和55年2月の第15回党大会時の約355万人をピークに減少を続け，今回大会では，過去最高数の3分の1以下となり，右肩下がりの減退傾向に歯止めが掛かっていない（別表2参照）。

共産党は，近年の国政選挙で議席数を増やすなど，一時的に支持を集めているものの，共産党が重視する党建設には結び付いておらず，彼らの目指す党勢拡大が必ずしも順調に進んでいない実態が見てとれる。ちなみに，共産党は，28年9月の6中総で，党大会に向けた「党勢拡大大運動」（約4か月）を決定し全党を挙げて取り組んだ。その結果，各月の「しんぶん赤旗」拡大数については，9月以降4か月連続でプラスとなっていたが，党大会が行われた29年1月は，購読中止数が増えたことにより，日刊紙及び日曜版ともに減紙に転じた。このことから，「党勢拡大大運動」も，真に支持層拡大につながる運動であったとはいえず，その場凌ぎの取組であったことが推察される。これでは右肩下がりの党現勢に歯止めが掛からないのは当然であろう。

【別表2】党現勢の推移

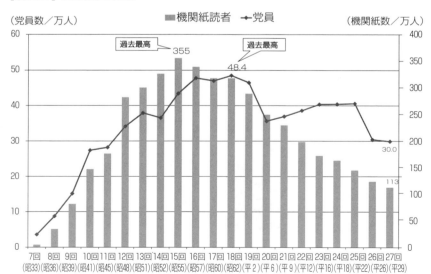

○ 労働者及び若年層の党勢拡大が急務の課題

党建設では，2010年代の2大目標として，前回大会で決定された「党勢倍加，世代的継承」の取組方針を引き続き維持した。

特に，世代的継承が死活的課題であるとした上で，党綱領に示された"民主連合政府の樹立と日本における民主主義革命の実現，さらに社会主義・共産主義社会への前進"を目指すため，「広大な空白となっている若い世代，6,000万人の労働者階級の中に，党を作る仕事を何としてもやり遂げる」，「現在の党の年齢構成を考えるならば，今この仕事をやりあげることは，現在の党員と党組織の共通の責任である」などと，労働者及び若年層に対する党勢拡大の取組を強化する方針を示した。

ところで，共産党が若年層の拡大に注力する理由に党員の高齢化という問題がある。共産党は，今回大会で，第26回党大会期（平成26年1月〜29年1月）の新入党員数は2万3,000人，死亡党員数は1万3,132人（年間平均4,377人）とそれぞれ報告しているが，死亡した党員の年間平均数は，過去の党大会における報告数に比べ増加傾向にあることが分かる（別表3参照）。

【別表3】党大会で発表された死亡党員数

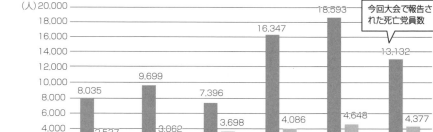

※ 年間平均死亡者数は，小数点以下切り捨て

今回大会では，党員の高齢化を示す党内の具体的な年齢構成までは明らか
となっていないが，平成22年9月の第2回中央委員会総会では，党内の年齢
構成について「1997年時点（平成9年）での世代的構成は，65歳未満が約8
割，65歳以上が約2割」，「現在のわが党の世代的構成は，65歳未満の党員は
約6割，65歳以上の党員が約4割」などと報告しており，65歳以上の割合が
13年間で約2割増加していることが明らかとなっている。共産党は，引き続
き世代的継承を党建設の目標に掲げている上，死亡党員数が増加傾向にある
ことなどを踏まえると，以前にも増して党員の高齢化が進んでいることが推
察される。

　現状を見る限りでは，多くの若年層を取り込み，世代交代の停滞を解消し
なければ，現勢衰退に歯止めを掛けることは困難と言わざるを得ない。

2　今後の見通し

　共産党が提唱する「野党連合政権」は，組織の理念や将来像を示す綱領の
違いなど乗り越えるべき課題も多く，加えて，他野党が否定的な姿勢を示し
ていることから，将来的に実現する可能性は低い。選挙協力については，解
散総選挙が現実味を帯びれば，強気の姿勢を示す共産党が，野党統一候補と
しての党公認候補の擁立数を増やすよう民進党に要求する可能性もあり，小
選挙区における野党統一候補擁立に向けた調整は難航するものとみられる。

　ところで，野党共闘は，共産党にとって大きなデメリットは見当たらな
い。むしろ，野党共闘を進める過程において，他野党の支持基盤に接近する
機会が増えることから，その切り崩しによる党勢拡大のチャンスが生まれる
可能性がある。また，他野党が共産党の呼び掛けに応じなかったとしても，
28年7月の参院選前の状況に戻るだけで共産党に失うものは見当たらず，む
しろ，“「野党は共闘」の声に応えて，共産党はよく頑張った”との評価を平
和安全法制に反対した勢力等から得られる可能性があり，どちらに転んでも
共産党にとっては有利な状況となっている。

　そもそも共産党は，その名のとおり我が国における共産主義政党である。
共産主義政党にとっての選挙とは，国民の政治意識の高揚に合わせ，選挙運

動を通じて党を宣伝し，党員，シンパ，機関紙読者を拡大して革命に向けた強大な前衛党を建設するための絶好の機会であるとされる。こうした考えに立てば，共産党の真の狙いは自党の党勢拡大にあるのであり，党員や機関紙読者の拡大に伸び悩む現在，他野党との共闘は，支持基盤拡大の絶好の機会であるといえる。

　こうした考えに立つ共産党であるため，これまでにも今回のように野党共闘を重視した選挙闘争に取り組んでもいいはずであるが，それではなぜ，これほどまでに「野党共闘」路線に舵を切ったのか。当然，"共産党を除くという壁が崩壊した"と共産党が認識しているように，これまでの他野党との関係において，野党共闘を実現できるような環境が整っていなかったことは確かであろう。しかし，現在の共産党は，平和安全法制に反対する大衆団体や学生グループらが，28年7月の参院選に向けて野党統一候補の擁立・支援に取り組み，野党共闘を後押ししたように，平和安全法制に対する反対運動の高まりを目の当たりにし，自党の支持基盤拡大の好機と捉えたのではないだろうか。

お わ り に

　今回大会では，党史上初めて他野党代表を来賓に招くなど，"開かれた党"を演出した。しかしながら，指導部体制の顔ぶれは変わらず，また，綱領・規約の改定もなく，革命政党としての基本的性格にも何ら変化は生じていない。

　いずれにしても，野党共闘を始め共産党が今後どのような方向性を見出していくのか，その動向が注目されるところではあるが，共産党が「野党共闘」路線を重視する真の狙いをしっかりと見定め，今後その本質を慎重に見極めていくべきであろう。

（平成29年2月15日記）

平成28年の日本共産党の
動向を振り返って
〜「野党共闘」を重視した選挙闘争〜

はじめに

　平成27年9月の第4回中央委員会総会（以下「○中総」という。）で「国民連合政府」構想[注1]を提唱し，他の野党に選挙協力を呼び掛けた日本共産党は，以降，野党共闘の形成に尽力し，28年に行われた国政選挙や首長選挙で，野党共闘を優先させた選挙戦を展開した。4月には，第24回参議院議員通常選挙（以下「参院選」という。）の“試金石”と言われた衆議院議員補欠選挙（以下「衆院補選」という。）が北海道5区及び京都3区で執行され，共産党は，野党統一候補の支援に徹した。7月の参院選では，これまで全選挙区に候補者の擁立を目指してきた共産党が，野党統一候補の擁立を優先させ，香川選挙区を除いた31の1人区で，党公認候補の擁立を見送った。また，参院選後も，東京都知事選挙（7月），新潟県知事選挙（10月），衆院補選（10月，東京10区及び福岡6区）の各選挙において，自党の公認候補を擁立せず，あくまで野党統一候補の支援を優先させた。

　共産党は，引き続き野党共闘の枠組みの維持を主張するとともに，今後予想される解散総選挙に向け，他の野党に対する働き掛けを強めるなど，野党共闘の更なる発展を目指している。本稿では，野党共闘をめぐる動向を中心に，28年中の共産党の選挙闘争について振り返ることとする。

（注1）　①戦争法（安保法制）廃止，安倍政権打倒のたたかいをさらに発展させる，②戦争法廃止で一致する政党・団体・個人が共同して国民連合政府をつくる，③「戦争法廃止の国民連合政府」の樹立で一致する野党が国政選挙で選挙協力を行う──という3点を柱とするもの。

1　「野党共闘」による主な選挙闘争

⑴　衆議院議員補欠選挙（北海道5区及び京都3区）
○　情勢と共産党の動向

　衆院補選（北海道5区及び京都3区）は，28年4月12日告示，4月24日投開票の日程で執行された。本補欠選挙は，町村信孝前衆議院議長の死去（北海道5区）と自民党前衆議院議員の辞職（京都3区）に伴うもので，7月に行われる参院選の"試金石"と位置付けられ，特に，北海道5区は，4野党統一候補（共産党，民進党，社民党及び生活の党（当時）推薦）による初の国政選挙であったことから，その後の野党共闘の行方を占う意味においても注目された。共産党は，この北海道5区の補欠選挙において，当初，党公認候補の擁立を決定していたが，安保法制反対を貫くことなどを盛り込んだ「共闘協定」を締結できたことから，党公認候補の擁立を取り下げ，無所属で出馬した民進党北海道総支部連合幹部の池田真紀氏を野党統一候補として闘った。

　選挙期間中，共産党は，小池晃書記局長を始めとする党幹部が現地入りし，応援演説を行ったり，出馬を取り下げた党公認候補も支援活動に従事したほか，「しんぶん赤旗」に野党統一候補に関する記事を連日掲載するなど，全党を挙げた積極的な支援を展開した。また，告示日の街頭演説では，「共産党」と書かれたメガホンを持つ聴衆が多数いたが，民進党からの要請を受け，以後の演説では独自の政党色を抑えるなど，野党共闘を優先させる配慮も見せたという。

　一方，京都3区では，共産党は当初から公認候補を立てず，民進党公認候補を推す方向で民進党京都府総支部連合（以下「京都府連」という。）に申し入れたものの，京都府連側はこれを拒否し，野党統一候補としての擁立に

平成28年の日本共産党の動向を振り返って　53

は至らなかった。このように，本補欠選挙は事実上，野党共闘の初戦であったが，その取組具合には，地域によって温度差が見られた。

○　結果（特徴点）

　北海道5区では，当初，自民党候補が優勢との見方が強かった。しかしながら，野党統一候補は，結果的に敗れはしたものの，約1万票差まで迫る勢いを見せた。マスコミの出口調査[注2]によると[注3]，野党統一候補は，民進党及び共産党支持層の9割以上，無党派層の約7割の支持を集めたとされており，こうしたデータを踏まえると，野党共闘による一定の効果があったといえる。また，従来から共産党との共闘が"保守票離れ"を招くといったことが，各方面で指摘されていたが，北海道5区の補欠選挙に限っては，その影響は小さかったものと見られる。なお，京都3区では，民進党公認候補が，次点の3倍以上の得票で圧勝した。

> （注2）　前回衆院選（北海道5区）の各党公認候補の得票結果
> 　　　　自民党：13万1,394票
> 　　　　民主党：9万4,975票
> 　　　　共産党：3万1,523票
> （注3）　北海道5区における出口調査
> 　　　　読売新聞社の出口調査によると，"池田真紀氏は，民進，共産支持層の9割以上を固めた。無党派層では，約7割が池田氏に投票した"と報じている（28年4月25日付け「読売新聞」）。

○　共産党の評価

　小池書記局長は，北海道5区補欠選挙の結果について，"当初，自民党圧勝と言われていたものを，横一線の大激戦まで押し上げ追い詰めたのは，野党共闘の力と広範な市民との共同の力が発揮されたもの"，"参院選に向けた足がかりはしっかり築けた"などと評価し，その後の参院選に向けても，野党共闘に取り組む意欲を示した。

(2)　**第24回参議院議員通常選挙**

○　情勢と共産党の動向

　参院選は，28年6月22日公示，7月10日投開票の日程で執行された。本参院選は，全ての1人区（32選挙区）で野党候補の一本化が実現し，野党共闘

が全国規模で展開される初の国政選挙となった。そのため，マスコミ各社も
「１人区」の選挙情勢をこぞって取り上げ，野党共闘を呼び掛けた共産党も
マスコミへの露出度が増し，存在感を示すこととなった。

　共産党は，参院選の「二つの目標」として，"１人区での野党統一候補全
員の勝利"，"比例代表で850万票，得票率15％以上を獲得して９人の当選と
複数区の全てで議席獲得"を掲げ，全ての複数区（13選挙区）に候補者13人
を擁立する一方，１人区では，野党統一候補の擁立を優先し，既に公表して
いた29人の党公認候補の出馬を取り下げた。また，比例代表には，過去最多
となる42人の候補者を擁立し，比例票の上積みを狙った。

　共産党は，選挙期間中，野党共闘重視の姿勢を貫き，志位和夫委員長や小
池書記局長が，他野党の党首や幹事長等の幹部と並び立って演説を行った
り，共産党の主だった議員が，民進党公認候補である野党統一候補の応援演
説を行うなど，全党を挙げた支援活動を展開した。なお，不破哲三前議長
も，１人区で応援演説を行ったが，共産党によると，不破前議長が，国政選
挙で他党候補の応援演説をするのは初めてだという。

○　結果（特徴点）

　本参院選で最も注目された点は，共産党がほとんどの１人区の党公認候補
を取り下げたことであった。共産党は，これまで，ほぼ全選挙区に候補者を
擁立した上で選挙活動を展開し，支持者の拡大を図ることを基本方針として
いたが，今回初めて，統一候補の擁立のために全国的な取下げを行った。こ
れは，党の大きな方針転換にも見えるが，その一方で，取り下げた候補者の
多くを比例代表候補に回すなど，結局，全都道府県で活動する候補者を擁立
して，党勢拡大に取り組んでおり，野党共闘への献身的な姿勢をアピールす
る一種の戦術ともいえる。

　なお，１人区において，野党統一候補は，11議席（青森，岩手，宮城，山
形，福島，新潟，山梨，長野，三重，大分及び沖縄）を獲得し，前回（25
年）参院選の野党系２議席（当時31選挙区）から大きく増えた。

　また，共産党については，選挙区で１議席（東京選挙区），比例代表で５
議席（得票数：約602万票，得票率：10.74％）の計６議席を獲得し，改選３
議席から倍増という結果であったが，「二つの目標」は，いずれも達成でき

ず，自民党や公明党等のいわゆる改憲勢力の「3分の2」（162議席）を阻止することもできなかった。

○　共産党の評価

　共産党は，野党統一候補が11議席を獲得したことについて，"最初のチャレンジとしては大きな成功をおさめた"，"これを第二，第三の段階に発展させていきたい"，「『1＋1』が『2』ではなくて，それ以上となる『共闘効果』が発揮された」と評価した。その一方，共産党の結果については，"党の力が，今の情勢が求めるものに追いついていない。そこには大きなギャップがある"とし，9月の6中総で，"党の自力の弱点を克服し，強く大きな党をつくることが絶対不可欠であり，参院選の最大の教訓"として，更なる党勢拡大の必要性を訴えた。

(3)　**東京都知事選挙**

○　情勢と共産党の動向

　東京都知事選挙は，28年7月14日告示，7月31日投開票の日程で執行された。本選挙は，舛添要一前知事の政治資金の私的流用問題等による辞職に伴って行われた。参院選の投開票日から4日後の告示であり，野党4党（共産党，民進党，社民党及び生活の党（当時））は，参院選に引き続き，野党統一候補の擁立を模索した。もともと野党4党は，書記局長・幹事長会談（6月21日）で，"都知事選挙も統一候補を擁立すること"を確認していたが，人選が難航し，告示2日前になって，ようやくジャーナリストの鳥越俊太郎氏を野党統一候補として推薦すると発表した。

　共産党は，前回（26年）都知事選挙で推薦した宇都宮健児氏が，出馬に強い意欲を示していたにもかかわらず，"国政で進んでいる「4野党プラス市民」の枠組みを大切にする"として，野党4党で推薦できる候補者の擁立を優先させ，鳥越氏に鞍替えする形となった。選挙期間中は，4野党の幹部が，鳥越氏の応援演説に駆け付けるなど，その支援に注力した。共産党は，「しんぶん赤旗」の第一面に関連記事を掲載し続けたほか，ホームページのトップ画面にも，鳥越氏の写真を掲載し，特設ページへリンクさせるなどの支援活動を展開した。

○　結果（特徴点）

選挙結果は，21人が立候補する中，無所属で出馬した自民党の小池百合子元防衛相が圧勝した（約291万票，得票率44.5％）。一方，野党統一候補の鳥越氏の得票（約135万票，得票率20.6％）は，直前の参院選の東京都における4野党比例得票合計（約248万票）の約54％にとどまった。出口調査によると，野党統一候補は，野党支持層の半数程度の支持しか集められず，野党共闘が機能したとは言い難い結果であった。

> **（注4）　東京都内における出口調査**
> 　読売新聞社の出口調査によると，"民進党支持層の55％が鳥越氏に，32％が小池氏に投票した。共産党支持層の60％が鳥越氏に，24％が小池氏に投票した"，"無党派層の18％が鳥越氏に，49％が小池氏に投票した"と報じている（28年8月1日付け「読売新聞」）。

○　共産党の評価

　志位委員長は，こうした結果に対しても，"大健闘"，"野党と市民の共闘は，今後につながる大きな成果"などと述べている。また，小池書記局長は，"都知事選での共闘が，プラスに働くことは間違いない。衆院選でも前に進めていきたい"などと，次期衆院選を視野に入れた野党共闘に言及した。

(4)　新潟県知事選挙

○　情勢と共産党の動向

　新潟県知事選挙は，28年9月29日告示，10月16日投開票の日程で執行された。本選挙は，新潟県内の東京電力柏崎刈羽原発の再稼働に慎重姿勢をとる現職知事が，4期目への立候補を表明しながらも告示1か月前に急きょ出馬を取りやめるなどの経緯を経て行われたもので，自民党及び公明党の推薦候補者に対抗するため，共産党，生活の党（当時）及び社民党の野党3党は，次期衆院選新潟5区候補に内定していた民進党の米山隆一氏に出馬を要請し，同氏が，これを受けて，民進党を離党の上，前知事の路線を継承することを表明して出馬した。なお，民進党は野党共闘に乗らず，自主投票の方針を決めた。

　共産党は，志位委員長や小池書記局長等の幹部が，複数回現地入りし，米山氏の応援演説を行ったほか，「しんぶん赤旗」において，告示翌日から投

平成28年の日本共産党の動向を振り返って　**57**

開票日まで連続的に第一面に関連記事を掲載するなど，全党を挙げた支援を展開し，終始野党共闘をリードした。

○　結果（特徴点）

本選挙は，原子力規制委員会による適合審査が終盤を迎えている柏崎刈羽原発の再稼働問題等を争点に，与野党推薦の各候補が争う形となった。告示当初は，電力総連など連合新潟の支持を取り付けた与党推薦候補が有利と見られていたが，野党統一候補が原発再稼働への慎重姿勢を前面に打ち出したことで，原発問題が明確な争点となった。マスコミ各社の世論調査でも柏崎刈羽原発の再稼働反対が6割超と報じられる中，野党統一候補のこうした戦術が奏功し，選挙戦は与党推薦候補との接戦となり，最終的には，野党統一候補が6万票以上の大差をつけて当選した。^{（注5）}

共産党が実質的に野党共闘をリードし，野党統一候補の当選を得た本選挙は，共産党にとって，正に会心の勝利であったが，民進党との共闘関係に課題を残したともいえる。また，共産党は，これ以降，衆院選に向けた野党4党の共通政策項目の中に"原発問題"を含めるべきであると主張していることから，本選挙を通じて，"原発再稼働反対"というシンプルかつ明確な争点が野党と市民を結集させる上で極めて有効なものであるということを改めて認識したようである。

（注5）　28年参院選（新潟選挙区）の各候補者の得票結果
野党統一候補：56万429票
自民党候補：55万8,150票
諸　　　　派：2万4,639票

○　共産党の評価

志位委員長は選挙後の会見で"この勝利は，新潟にとどまらず，日本全国での野党と市民の共闘の新たな発展を促し，日本の政治の前途に大きな希望をもたらす文字通りの歴史的勝利となった"と絶賛したほか，後日，本選挙を振り返り，"原発再稼働を認めないという「大義の旗」を掲げて，互いに信頼し，互いに敬意を持ち，心を一つにたたかう「本気の共闘」をすれば，自公を打ち破れるということを示したという点で大きな教訓を作った"と高

く評価した（28年10月22日「全国革新懇シンポジウム」）。

⑸　衆議院議員補欠選挙（東京10区及び福岡6区）

○　情勢と共産党の動向

　東京都知事選挙に出馬した小池百合子元防衛相の失職（東京10区）及び鳩山邦夫元総務相の死去（福岡6区）に伴う衆院補選は，28年10月11日告示，10月23日投開票の日程で執行された。本補欠選挙は，7月の参院選後初の国政選挙であり，また，“年明け1月解散”といった憶測が報じられるなどしていたことから，次期衆院選を占う意味においても，これまで構築してきた野党共闘の真価が問われる選挙として注目された。

　共産党，民進党，生活の党（当時）及び社民党の4野党は，告示前の10月5日，書記局長・幹事長会談において，両選挙区とも共産党の予定候補を下ろし，民進党公認候補を野党統一候補とすることで合意した。しかしながら，民進党は，他の野党からの政策協定締結の申入れ及び野党統一候補への推薦を受け入れず，共闘に対する政党間の姿勢には温度差がみられた。

　共産党は，こうした紆余曲折がありながらも，“今回の対応は，補欠選挙に限っての特別の対応である”として，野党統一候補を支援することとし，志位委員長が両選挙区の4野党合同街頭演説に登壇したほか，福岡6区では，志位委員長と候補者が揃い踏みするなど，野党共闘を優先させる支援活動を行った。

○　結果（特徴点）

　本補欠選挙の結果は，東京10区が自民党公認候補，福岡6区が無所属候補（後に自民党が追加公認）の勝利で終わり，野党統一候補はいずれも大差で敗れた。前述したように，政策協定締結や推薦において，野党相互間における足並みが揃わなかったことや，新潟県知事選挙における原発問題のような明確な争点がなかったことなどから，野党共闘が機能せず，それが大敗につながったものとみられる。

○　共産党の評価

　小池書記局長は，“野党が互いに信頼と敬意を通わせた「本気の共闘」が貫かれたのかどうか，真剣な総括が必要”などと，民進党への不満をにじませた。また，“互いに推薦し合わなければ勝てないことが示された”，“もう一

平成28年の日本共産党の動向を振り返って　59

方的に候補を降ろすことはまったく考えていない”と述べるなど，両党候補の相互推薦を条件とする考えを強調した。さらに，“「共闘の大義」が国民に見えるものとしなければならない”などと政策協定締結の必要性にも言及した。

本選挙は，これまで比較的順調だった野党共闘の在り方に課題を残す結果となったが，共産党は，次期衆院選を見据え，「本気の共闘」を強調しつつ，今後も野党共闘に取り組む姿勢を示した。

2　「野党共闘」と今後の見通し

(1)　第7回中央委員会総会の開催

共産党は，平成28年中，4月の衆議院北海道5区及び京都3区の補欠選挙を皮切りに，10月の衆議院東京10区及び福岡6区の補欠選挙まで連続的に国政・地方選挙に取り組み，野党共闘の枠組み構築に注力してきた。こうした中，11月15日及び16日の2日間，7中総を開催した。

7中総では，29年1月に開催予定の「第27回党大会決議案」が報告された。大会決議案では，まず，「野党と市民の共闘をさらに大きく発展させ，安倍政権を打倒し，自民党政治を終わらせ，野党連合政権をつくろう」と呼び掛けて，民進，社民，自由各党との共闘を発展させ，「野党連合政権」の樹立を目指す方針を打ち出した。また，志位委員長は，この「野党連合政権」について，「先々の目標ではなくて，当面の焦眉の課題」と述べた。

一方，次期衆院選については，「安倍政権を打倒し，野党連合政権（国民連合政府）に向けて大きな一歩を踏み出す選挙」と位置付け，①「『改憲勢力3分の2体制』を打破，自公と補完勢力を少数に」，②「"第3の躍進"を大きく発展させる」という「二つの大目標」を掲げた。そして，特に野党共闘を実現させるため，「共通公約をつくる」，「本格的な相互推薦・相互支援の共闘を実現する」，「政権問題で前向きの合意をつくる」ことを目指すとした。また，得票目標については，比例代表では，「850万票，（得票率）15％以上」，「全国11の全ての比例ブロックで議席増を実現し，比例第3党をめざす」，小選挙区では，「野党共闘の努力と一体に，小選挙区での必勝区を攻勢

的に設定し，議席の大幅増に挑戦する」とした。

(2) **今後の見通し**

　共産党は，7中総の中で，「共通公約」と「相互推薦・相互支援」を強調し，引き続き野党共闘の発展を目指す姿勢を示した。また，野党との連合政権の実現は「焦眉の課題」であり，大会決議案の"核心部分である"とした。

　こうしたことから，共産党が野党共闘の先に連立政権入りの実現の可能性を見出していることがうかがえ，政権選択選挙と言われる次期衆院選での選挙協力を確立するため，他野党への働き掛けを一層強めていくものとみられる。

お わ り に

　平成28年は，共産党にとって野党共闘一色の年だったといえよう。この間の共産党は，参院選における1人区の党公認候補の大幅な取下げに見られるように，選挙において譲歩に譲歩を重ねてきた。しかしながら，共産党は，次期衆院選について"ほとんどの小選挙区で（党公認候補を）擁立する"，"総選挙では，候補者を一方的に降ろすことは考えていない"などと強気の姿勢を示し，28年中の共闘選挙とは違った対応をとることを示唆している。ただし，この強気の姿勢は，野党共闘方針の転換ではなく，野党共闘への姿勢が定まらない民進党への揺さぶりと見る向きが大勢であり，現に，志位委員長も"（野党共闘の）前途に曲折や困難があったとしても，大局で見れば，後戻りすることは決してない"と明言している。

　こうしたことから，平成29年も共産党は野党共闘の方針を継続する可能性が極めて高いが，現状のままで推移すれば足並みの揃わぬまま衆院選に突入し，東京10区及び福岡6区の補欠選挙同様の結果に陥ることにもなろう。

　このような状況の中で，共産党が「本気の共闘」のために繰り出す次の一手はどのようなものであろうか。引き続き共産党の動向を注視していきたい。

（平成28年11月29日記）

第24回参議院議員通常選挙を
めぐる日本共産党の動向
～改選3議席から6議席へ倍増～

はじめに

　第24回参議院議員通常選挙（以下「参院選」という。）は，平成28年6月
22日公示，7月10日投開票という選挙期間18日の日程で行われた。「18歳選
挙権」や「合区」といった新たな仕組みが導入されるなど，何かと話題の多
い選挙であったが，与党に対抗すべく，各野党が，「1人区」と言われる改
選定数1議席の選挙区に統一候補を立てた「野党共闘」という新たな試みに
も関心を持たれた方が多かったのではないだろうか。「1人区」では，僅か
な票差が当落を分け，それが選挙戦全体の勝敗を左右するといわれるだけ
に，当初からマスコミ各社もこぞってこれを取り上げた。中でも共産党は，
この野党共闘の主導者としてマスコミへの露出度が増し，一定の存在感を示
したといえよう。

　共産党について，マスコミ各社は，東京選挙区を始めとした改選定数2～
6人の「複数区」で数議席，比例代表でも前回参院選（非改選）の5議席を
上回ると分析し，躍進の見通しを報じていた。また，「しんぶん赤旗」は，
聴衆で埋め尽くされた街頭や屋内演説会の様子を連日掲載し，"演説会参加
者が，26年の総選挙の2，3倍となる空前の盛り上がり"，"地鳴りのような
歓声と拍手が起こった"などと，共産党の勢いを誇示した。

こうしたことから，共産党は，議席の大幅な伸長に期待を高めていたもの
と考えられるが，結果は，選挙区では東京で1議席，比例代表で5議席の獲
得にとどまり，改選3議席（全て比例代表）から倍増させたとはいえ，どこ
か"期待外れ"の感が，共産党の周りに漂っているようにも見受けられる。
今次参院選は，共産党にとって，真に"躍進"だったのか，あるいは"期待
外れ"だったのか，「野党共闘」の成果を踏まえながら考察したい。

> **（注1）**　公職選挙法第32条では，「（参議院議員）通常選挙の期日は，少なくとも
> 十七日前に公示しなければならない」と規定。今次参院選では，17日前に当たる
> 6月23日が，沖縄戦が終結した「慰霊の日」と重なるため，公示日が1日前倒し
> された。

1　「野党共闘」に至る経緯

　共産党は，平成27年9月19日，平和安全法制関連二法が参議院本会議で可
決し，成立すると，同日，第4回中央委員会総会を開催し，「戦争法（安保
法制）廃止の国民連合政府」構想を提唱し，「戦争法廃止の国民連合政府」
をつくることで一致する野党が，国政選挙で選挙協力を行うことなどを呼び
掛けた。この呼び掛けに，社民党及び生活の党は前向きな姿勢を示したが，
共産党との連立政権の樹立という前提条件に否定的な民主党との協議は進展
しなかった。

　27年12月20日には，平和安全法制関連二法の廃止等を訴える市民団体が，
野党統一候補を支援する「安保法制の廃止と立憲主義の回復を求める市民連
合」（以下「市民連合」という。）を結成した。市民連合は，野党に対し，1
人区での統一候補の擁立を要請するなど，野党共闘を求める機運が高まる
中，28年2月19日には，民主党，維新の会，社民党，生活の党及び共産党の
党首会談の開催に至った。同会談では，「①安保法制の廃止と集団的自衛権
行使容認の閣議決定撤回を共通の目標とする」，「②安倍政権の打倒を目指
す」，「③国政選挙で現与党およびその補完勢力を少数に追い込む」，「④国会
における対応や国政選挙などあらゆる場面でできる限りの協力を行う」──
という4項目について合意に達した。

第24回参議院議員通常選挙をめぐる日本共産党の動向　63

共産党は，安保法制廃止で一致する野党の連立政権樹立を条件としていた「国民連合政府」構想については，"野党間でも賛否がさまざまだということを考慮し，政権の問題は，横に置いて選挙協力の協議に入る"と，一時凍結し，野党連携を優先させた。また，共産党は，1人区の候補者を取り下げるといった一歩踏み込んだ方針を示し，以降，野党統一候補の擁立が加速した。

　共産党は，前回参院選では，31の1人区のうち30選挙区に候補者を擁立していたが，今次参院選では，野党統一候補に一本化するため，32の1人区のうち，既に公表していた29選挙区（香川，鹿児島，沖縄選挙区以外の選挙区）で党公認候補の出馬を取り下げた。その後，一本化協議が難航する県も見られたが，5月31日，佐賀県で最後の統一候補の擁立に至り，"形式上"は，全ての1人区で野党統一候補が実現した。これについて，志位和夫委員長は，"ここまで前進するとは，この方針に踏み出したときには想像もできなかった。うれしい想定外"と語っている。

　なお，小池晃書記局長が，"全部の候補者を降ろすとは一度も言っていない。一つは共産党候補を野党統一候補にすることがぜひ必要だ"などと，強く求めていた共産党の統一候補は，香川選挙区で実現した。

　また，1人区からの出馬を取り下げた候補については，その県で活動する比例候補（以下「第2次比例候補」という。）に回し，さらに，鹿児島，沖縄及び合区となった2選挙区にもそれぞれ1人の比例候補を追加擁立した。(注2)このため，選挙区での擁立は過去2番目に少ない14人となり，比例代表では過去最多の42人となった。

　一方，13の複数区では，「4野党がそれぞれ切磋琢磨，競い合って，自公とその補完勢力を少数に追い込むために力を尽くす」として，共産党候補の擁立を取り下げることはせず，全ての選挙区で民進党との競合となった。こうして，「戦争法（安保法制）廃止」，「立憲主義の回復」という大義を掲げ，1人区では「共闘」，複数区と比例代表では「競合」という選挙戦に突入した。

　　（注2）　鳥取・島根選挙区及び徳島・高知選挙区で，選挙区から比例代表に回った
　　　　　候補者の出身地は，島根県と高知県であったことから，鳥取県及び徳島県におい
　　　　　ても活動する比例候補を追加擁立した。

2 共産党にとっての今次参院選の意義と目標

　共産党は，今次参院選での対決構図を「自公対民共」ではなく，「『自公とその補完勢力』対『４野党プラス市民・国民』」と位置付け，党綱領に裏打ちされた統一戦線によるたたかいであることを強調した。また，「市民連合」のメンバーを弁士に招いた演説会を各地で開催するなど，広く市民からの支持を得ているかのような演出に傾注し，新たな支持層の拡大を狙った戦術を展開した。

　政治目標としては，平成27年３月に発表していた比例候補８人に，市田忠義副委員長（参議院議員）を加えた９人を「ベスト９」（注3）と称して，"比例代表では，850万票以上，得票率15％以上を獲得し，「ベスト９」全員の当選"，"選挙区では，野党統一候補の必勝と複数区の全てで議席獲得を目指す"，"野党全体の勝利と共産党の躍進という二つの目標を同時に追求する"とした。市田副委員長は，27年３月，今期限りでの政界引退を表明していたが，党中央の「練達した力が必要」との求めに応えて，28年４月に引退を撤回しての出馬となった。

　今回の得票目標は，到達不可能にも見える。しかし，前回参院選（25年）での比例得票は，約515万票（得票率9.7％）で，先の衆院選（26年）での比例得票は，約606万票（得票率11.4％）であり，前回参院選から始まった「第３の躍進」（注5）の流れを，"今次参院選で絶対に中断させることなく，いっそうの躍進へとつなげるため"の至上の目標といえたのであろう。

　また，この「ベスト９」を当選させるための方針として，"党員は，第１次比例候補の活動地域ごとに候補者名で投票すること"，"１人区では「選挙区は野党統一候補，比例は日本共産党」と訴えること"，"第２次比例候補となった同志を先頭に，野党共闘の勝利のために誠実かつ献身的に奮闘すること"を指示した。

(注3) ベスト9及び結果

氏　名（年齢）	現・新	活動地域	当選順位	役職等
市田　忠義（73歳）	現③	京都	6／48	党幹部会副委員長
田村　智子（51歳）	現①	東京	14／48	党幹部会副委員長
大門実紀史（60歳）	現③	近畿（京都を除く）	23／48	党参院国対副委員長
岩渕　友（39歳）	新	北海道，東北	33／48	党福島県常任委員
武田　良介（36歳）	新	東海，北陸信越	41／48	党長野県常任委員
奥田　智子（47歳）	新	北関東	落	元埼玉県議
伊勢田良子（41歳）	新	九州，沖縄	落	党福岡県副委員長
春名　眞章（57歳）	新	中国，四国	落	元衆議院議員
椎葉　寿幸（39歳）	新	南関東	落	党千葉県副委員長

※ 年齢は，投票日現在の満年齢。※ 「現・新」欄の○数字は過去の当選回数。
※ 敬称略。

(注4) 共産党は，26年12月の第47回衆院選の比例代表で約606万票（得票率11.4％）を獲得した。27年1月に開催した第3回中央委員会総会では，それまで目標として掲げていた「比例代表650万票，得票率10％以上」等について"基本的に達成することができた"として，国政選挙での目標を「比例代表850万票，得票率15％以上」に上方修正した。

(注5) 25年に開催された「党創立91周年記念講演会」で，志位委員長が，「1960年代の終わりから70年代にかけて国政選挙での"第1の躍進"，1990年代後半には"第2の躍進"」，「今回（25年）の参議院選挙の結果は，それに続く"第3の躍進"の始まり」と講演している。

＊「第2の躍進」以降の国政選挙での議席推移

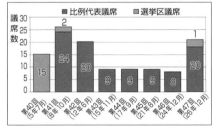

【参院選】　　　【衆院選】

3　選 挙 結 果

⑴　投 票 率

　投票率は，選挙区が54.70％（前回比2.09ポイント増），比例代表が54.69％（前同2.08ポイント増）で，いずれも僅かに上昇したものの，過去４番目の低さとなった。

　今次参院選では，１人区での野党共闘と合区も注目の一つであったが，その投票率には大きな差が見られた。前回投票率から上昇幅の大きい上位10県中９県は，１人区の県であり，「野党共闘」が関心を高めた可能性がうかがえる。一方，下降幅の大きい下位３県（徳島，鳥取，高知）は，いずれも合区で，かつ戦後最低の投票率であった。特に，下げ幅が最も大きかった高知県では，地元出身候補が１人もいなかったことから，有権者の関心が薄れたとみられる。また，18歳選挙権の導入も注目を集め，政府による啓発やマスコミ報道のほか，各政党も若年層対策に注力したが，選挙区におけるその抽出投票率は45.45％で，低調に終わった。[注6]

> （注６）　総務省が，全国４万7,905投票区の中から抽出した187投票区（46都道府県×４投票区。沖縄県のみ３投票区）での18歳，19歳の選挙区選挙の投票率を調査したもので，投票者数は，共通投票所で投票を行った者並びに期日前投票及び不在者投票を行った者の数を含んでいる。また，18歳は51.17％，19歳は39.66％の投票率であった。

⑵　獲得議席〜選挙区で１議席，比例代表で５議席の計６議席を獲得〜

　１人区における共産党の獲得議席については，唯一の共産党候補を擁立した香川選挙区で，前回の３倍となる約10万票を獲得したが，それでもなお，２倍以上の差を付けられて落選し，議席を得ることができなかった。なお，32ある１人区のうち野党統一候補が勝利したのは，11選挙区であったが，詳細については，後述する。

　一方，複数区における共産党の獲得議席は，東京選挙区の１議席にとどまった。

　大阪及び兵庫選挙区では，民進党候補との競合により共倒れとなり，神奈

川選挙区においても，民進党の２人目の候補と競合し，共倒れとなった。

比例代表では，改選３から５議席へと増やしたが，前回参院選で獲得した比例５議席を超えることはできなかった。

(3) 得票数・率

○ 選 挙 区

13ある複数区の得票合計は399万9,275票（得票率11.3％）で，前回参院選（25年７月）よりも30万6,360票（前同0.2ポイント）増加したが，前回獲得した３議席には及ばなかった。^{（注7）}

なお，今回，選挙区で唯一当選者を出した東京選挙区は，前回参院選でマスコミの注目を集めた吉良佳子氏（現参議院議員）が，70万3,901票（得票率12.5％）を獲得して３位当選している。今次参院選でも，新人で弁護士の山添拓氏が，序盤から優位に選挙戦を展開し，31人の候補者（前回20人）が出馬するなか，66万5,835票（得票率10.7％）を獲得し，前回比３万8,066票（前同1.8ポイント）減ではあるが，定数６のところ４位で当選した。

> （注7） 今次参院選での複数区は，北海道，茨城，埼玉，東京，千葉，神奈川，静岡，愛知，京都，大阪，兵庫，広島，福岡の13県。前回参院選では，このほか，宮城，新潟，長野も複数区であった。得票数の増減を比較するため，今次参院選と同じ複数区での比較とした。

【東京選挙区（改選定数５→６）】
※ 次点までの候補者

順位	党派等	候補者（年齢）	現・新・元	得票数（得票率）	結果
1	民進・公認	蓮　舫（48）	現②	112万3,145（18.0）	当
2	自民・公認	中川　雅治（69）	現②	88万4,823（14.2）	当
3	公明・公認	竹谷とし子（46）	現①	77万0,535（12.4）	当
4	共産・公認	山添　拓（31）	新	66万5,835（10.7）	当
5	自民・公認	朝日健太郎（40）	新	64万4,799（10.4）	当
6	民進・公認	小川　敏夫（68）	現③	50万8,131（8.2）	当
7	お維・公認	田中　康夫（60）	元①	46万9,314（7.5）	落

※ 年齢は，投票日現在の満年齢。※「現・新・元」欄の○数字は過去の当選回数。※ 敬称略。

○ 比 例 代 表

比例代表は，得票数601万6,194票（前回比86万2,139票増），得票率10.7％（前同1.1ポイント増）で，「850万票，得票率15％」以上という目標には及ば

68

なかったが，過去最多得票数（率）であった第18回参院選（10年）の819万
5,078票（得票率14.6％）に次ぐ，過去２番目の高得票（率）であった。獲得
議席は前回参院選と同じ５議席であり，６議席に届くためには，あと33
万5,844票の上乗せが必要であった。前回参院選では，６議席まで96万0,987
票の上乗せが必要であったことを考えると，今次参院選では，支持の幅に一
定の広がりが生じたようにも見える。

　しかしながら，今次参院選の比例代表では，前回参院選以降に解党した野
党５党（維新の会，みんなの党，みどりの風，新党大地及び緑の党）が前回
参院選で獲得していた約1,250万票及び今回，投票率が上がったことによる
約280万票の計約1,530万票が，主要政党に分散される形となり，現に，比例
代表で議席を減らした政党はなく，全ての政党が得票を伸ばしている。こう
したことから，今回，特に共産党が新たな支持層を獲得したとは言い難い。

⑷　供託金～没収額１億9,200万円で前回比7,500万円増

　共産党は，これまでの選挙で，没収額の多くを占めた１人区での擁立を見[注8]
送ったことが奏功し，選挙区での供託金没収額をゼロに抑えることができた
（前回参院選の没収額は7,500万円）。しかし，過去最多となる42人の比例候
補を擁立した比例代表では，当選者は５人にとどまり，没収額は１億9,200
万円（前回比１億5,000万円増）に膨らんだ。結局，前回より7,500万円増の
没収額となった。

　ちなみに，その他の政党で，供託金の没収額が１億円を超えたのは，幸福
実現党（１億4,700万円）だけで，共産党の没収額が最高となった。そもそ
も，共産党は，比例代表で９議席を目標としている時点で，１億円以上の没
収を覚悟していたと考えられるが，過去最多の比例候補擁立が，比例票の掘
り起こしにつながったとは言い難い。

　　（注8）　前回（25年）参院選で供託金を没収された25選挙区のうち，複数区は新潟
　　　　　（当時改選定数２）のみ。
　　　　　　前々回（22年）参院選では，30選挙区のうち，複数区は宮城（当時改選定数２），
　　　　　茨城，静岡。

※ 参院選における供託金没収状況

選挙年	選挙区	比例代表	合計金額
H16　第20回	7,500万円 （25／46選挙区）	1億0,200万円 （17／25人）	1億7,700万円
H19　第21回	8,700万円 （29／46選挙区）	6,600万円 （11／17人）	1億5,300万円
H22　第22回	9,000万円 （30／46選挙区）	7,200万円 （12／18人）	1億6,200万円
H25　第23回	7,500万円 （25／46選挙区）	4,200万円 （7／17人）	1億1,700万円
H28　第24回	0円 （0／14選挙区）	1億9,200万円 （32／42人）	1億9,200万円

※ 「選挙区」欄の（　）内の数字は，擁立した選挙区及び没収された選挙区の数。
※ 「比例代表」欄の（　）内の数字は，擁立した比例候補及び没収対象となった人数。

※ 供託金の額及び没収の基準等（公職選挙法第92条〜94条）

選挙の種類	供託金の額	没収の基準等
選挙区	候補者1人につき300万円	有効投票総数÷改選議員定数×8分の1未満
比例代表	名簿登載者1人につき600万円	600万円×（名簿登載者数−当選者数×2）を没収

4　1人区における「野党共闘」の成果と実態

　共産党は，今次参院選を「国民連合政府」樹立への橋頭堡とすべく，"身を切る"戦術を展開した。野党統一候補への一本化のため，1人区の党公認候補の擁立を次々と取り下げるとともに，統一候補を党を挙げて全面的に支援した。このことは，「しんぶん赤旗」を連日飾った記事や共産党のホームページからも見て取れる。統一候補であれば，他党公認候補であろうと，共産党の推薦を拒絶されようとも掲載し，支援し続けたのである。

　前回参院選における1人区の結果は，31選挙区中，自民党29議席，野党2議席（岩手，沖縄）であったが，今回は，32選挙区中，自民党21議席，統一候補11議席（青森，岩手，宮城，山形，福島，新潟，山梨，長野，三重，大分，沖縄）であった。定数削減により新たに1人区となった宮城，新潟，長野選挙区では，与野党で議席を分け合っていたが，いずれも統一候補が議席を獲得した。また，自民党の議席であった青森，山形，福島，山梨，三重，大分選挙区で，統一候補が勝利した。殊に，新潟選挙区では2,279票（得票

率0.20ポイント）差，大分選挙区では1,090票（前同0.19ポイント）差の大接戦を制したのである。選挙戦の勝敗を左右するとされる１人区で，野党候補の共倒れをなくすための今回の野党共闘戦略は，奏功したといえよう。

　仮に，統一候補の得票数から，その選挙区における共産党の比例得票数の８割を減じると，11選挙区中８選挙区で勝敗が逆転し，統一候補は３議席（岩手，山形，沖縄）にとどまる。これら議席数や得票差からも，共産党が，野党共闘に果たした役割は極めて大きかったのではないだろうか。

　一方，香川選挙区の共産党候補は，前回に引き続く出馬で，10万4,239票（得票率26.1％）を獲得し，前回の３万4,602票（前同8.3％）から大きく票を伸ばした。ちなみに，前々回の共産党候補は，３万4,037票（前同7.4％）を獲得しており，今回の得票数が，共産党だけの力で得られる数でないことは一目瞭然である。ここにも，一定の“野党共闘の効果”が見て取れる。しかし，報道等によれば，生活の党及び社民党が，共産党候補の推薦・支持を表明している中，民進党は，“（党内や支持者に）共産党へのアレルギーが強く，反対意見が多かった”として，推薦や支持を見送り，自主投票にしたという。この影響は，投票結果からもうかがえる。マスコミの出口調査によると，他の１人区では，民進党支持層の９割以上，無党派層の６割以上が統一候補に投票したとされるが，香川選挙区では，共産党候補に投票した割合は，民進党支持層の65％，無党派層の37％の低水準にとどまっている。

　香川選挙区では，志位委員長や小沢一郎代表を始めとした４野党幹部の揃い踏みによる街頭演説に取り組んだり，共産党の選挙カーの看板色をシンボルカラーの赤色から民進党カラーの青色に塗り替えるなど，あくまでも「４野党プラス市民」の統一候補であることをアピールしたが，共産党アレルギーの払拭は，容易ではなかったとみられる。

　また，言うまでもないが，共産党アレルギーは，香川選挙区に限ったことではない。他の１人区においても，共産党からの推薦を拒否したり，事務所びらきに共産党関係者を招待しないなどの動きがあったという。11人の野党統一候補の勝利に共産党が果たした“役割”は確かに大きかったといえるが，野党共闘にかける思いには，その他の野党との間に相当の温度差があったようである。

【香川選挙区】

候補者党派	25年得票数 （得票率）	28年得票数 （得票率）	増　減	結果
自民党	23万3,270 （56.0%）	25万9,854 （65.1%）	2万6,584増 （9.1Ｐ増）	当
共産党	3万4,602 （8.3%）	10万4,239 （26.1%）	6万9,637増 （17.8Ｐ増）	落
幸福実現党	5,932 （1.4%）	1万7,563 （4.4%）	1万1,631増 （3.0Ｐ増）	落
無所属	14万2,407 （34.2%）	1万7,268 （4.3%）	12万5,139減 （29.9Ｐ減）	落

（注９）　共同通信社による出口調査では，「共産党支持層の８割超が統一候補に投票」
と報じている（28年７月11日付け「産経新聞」）。

（注10）　読売新聞社等による出口調査では，「宮城選挙区の統一候補（民進党公認）
は，民進党支持層の94%，無党派層の63%，共産党支持層の９割強の支持を集め
た。また，山形選挙区の統一候補（無所属）は，民進党支持層の91%，無党派の
75%の支持を受けた」と報じている（28年７月11日付け「読売新聞」）。

5　その他の動向

○　不破前議長が１人区を含む３選挙区で街頭演説（山梨，神奈川，埼玉）

　不破哲三前議長（86歳）が，神奈川及び埼玉選挙区のほか，１人区の山梨
選挙区においても街頭演説を行った。不破前議長は，第47回衆院選（平成26
年12月）では，９年３か月ぶりとなる街頭演説を，京都市内と那覇市内の２
か所で行っていた。今回は約１年半ぶりで，国政選挙では連続となる。今次
参院選での共産党の力の入れようがうかがえる。

　甲府市内では，不破前議長は「しのぎを削る大激戦と聞いて駆けつけた」
と切り出し，「野党がそろって市民と一体となり選挙をするのは初めての経
験。日本の政治に新しい流れが巻き起こっている」，「世界観が違うものでも
大義のためには一致するのが原則」などと，「野党共闘」の意義を強調し，
統一候補（民進党公認）への支援と比例代表選挙での共産党の躍進を訴え
た。不破前議長が国政選挙で他党候補の応援演説を行うのは初めてである。

　ところで，不破前議長の横に，他党県連代表が並んではいたが，肝心の統
一候補の姿はなく，メッセージが読み上げられただけであった。個人演説会

と重なっていたためだという。

○　若者を意識した広報戦略とその効果

　18歳選挙権の導入に伴い，新たに有権者として加わった約240万人（全有権者のうち約2％）の取り込みを狙って，各党とも広報戦略に力を入れた。

　共産党も，ホームページのトップ画面のデザインを参院選用に一新したほか，ホームページ内の特設サイト「カクサン部」は，25年参院選，26年衆院選に続く第3弾企画として，比例候補「ベスト9」と複数区の13候補を，若者に人気のトレーディングカード形式で紹介するなど“グレードアップ”させた。また，学費値下げやブラック企業の規制等を取り上げた若者向けのパンフレット「JCP magazine」を作製し，大学や商店街などで配布した。マスコミ各紙も，ホームページについて，「ピンク色を配し，親しみやすさを演出」（28年7月8日付け「日本経済新聞」），“理屈っぽいイメージを払拭”（6月8日付け「東京新聞」）などと報じた。

　ところで，若者の投票動向はどうであったか。マスコミの出口調査によると，18歳と19歳の比例代表での投票先は，自民党40％，公明党10％であった。これは，20歳代（自民党43％，公明党9％）に次いで多く，若年層が与党に投票する傾向がうかがえる。一方，共産党への投票は18歳，19歳が8％，20歳代は7％にとどまり，他の年代と比べてもやや低く，共産党の若年層対策は，新たな支持票獲得には結びつかなかったようである。[注11]「しんぶん赤旗」には，プラカードやメガホンを手にした青年達が，共産党候補を支援する記事も度々掲載されていたが，それらは限定的で，広がりはなかったということであろうか。

　　（注11）　朝日新聞が行った出口調査によると，比例代表での年代別の共産党への投
　　　　　　票率は，18歳，19歳及び30歳代が8％，20歳代が7％，40歳代が9％，50歳代及び
　　　　　　70歳代以上が10％，60歳代が13％となっている（28年7月11日付け「朝日新聞」）。

6　共産党の評価と課題

　共産党は，投開票日の翌日，「参議院選挙の結果について」と題する中央委員会常任幹部会の声明を発表した（平成28年7月12日付け「しんぶん赤

旗」)。その声明では、"野党と市民の共闘は、最初の挑戦としては大きな成功をおさめた"、"11の選挙区で自民党候補に勝利したことは、きわめて重要な成果"などと、1人区での野党共闘を評価している。一方、共産党の議席については、"比例代表選挙での得票が、躍進した2013年の参院選と比べて、さらに前進したことは重要"としながらも、"党の自力の問題を痛感している"、"やるべきことをやりきれずに開票を迎えた"、"党の力が、いまの情勢が求めるものに追いついていない、そこには大きなギャップがある"として、"今日の情勢が求める強く大きな党をつくる仕事に、新たな意気込みでたちあがる決意"を示した。

　この常幹声明を受け、中央委員会書記局は、"さらなる躍進への道を開く第一歩が、この7月の党勢拡大"、"すべての支部が新しい党員を迎えることに挑戦し、「しんぶん赤旗」日刊紙・日曜版の購読を広くよびかけ、購読継続の努力を強めよう"と、引き続き党勢拡大への取り組みを訴えた（28年7月16日付け「しんぶん赤旗」）。

　しかし、公表された7月中の「しんぶん赤旗」読者の増減を見ると、全国で日刊紙6,559人、日曜版2万8,856人の大幅後退であった（28年8月2日付け「しんぶん赤旗」）。27年6月に増勢に転じて以降、28年6月までの13か月間で、日刊紙は2,147人、日曜版は7,887人の読者を拡大していたが、参院選が終わった7月だけで、その3倍以上の読者が購読を中止したのである。グラフ中では、27年4月中も大きく減少しているが、この月は、統一地方選挙があった。党勢拡大を図る絶好の場であるはずの選挙のたびに、大きく衰退させているようである。

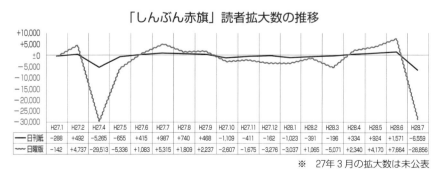

※　27年3月の拡大数は未公表

おわりに

　これまで見てきたように，共産党は，改選議席こそ倍増させたが，前回参院選の獲得議席と比べると２議席の後退となった。これについて，共産党は，"比例代表での得票が，前進したことは重要"と評価する一方，それが議席につながらず，"党の自力の問題を痛感している"と自己批判しており，"第３の躍進の流れ"にも，陰りが見えてきたといえよう。しかし，比例代表では過去２番目の得票で，一定の勢力を維持している上に，１人区における野党共闘に一定の成果をもたらしたことも事実である。

　共産党は，今次参院選において，野党共闘を実現させるため，一般国民に違和感を抱かせる「日米安全保障条約の廃棄」や「自衛隊の解消」といった基本政策を一時的に凍結した。共産党は，次期国政選挙に向けても，引き続き野党共闘を志向するものと考えられることから，国民の警戒心を取り除くためのこうしたソフトイメージ戦略を継続し，今後も"普通の政党"をアピールしていくものとみられる。

　しかしながら，改めて共産党の綱領を見てほしい。そこには，「日米安全保障条約の廃棄」と「自衛隊の解消」が，今この時もはっきりと明記されている。現在は，"一時凍結"といった言葉ですり替えているが，その本音は綱領のとおりであることは疑いようがない。共産党が，その時勢に応じ，いかにソフトイメージ戦略を用いようとも，その本質は不変であることを，我々は銘記し，その動向に関心を持ち続けていかなければならない。

（平成28年８月５日記）

日本共産党のイメージ戦略
～近年の動きを中心に～

はじめに

　共産党は，「自民一強」と称される近年の政治情勢の中，平成25年参院選，26年衆院選，27年統一地方選で躍進した。その背景には，16年の綱領全面改定を含めたソフトイメージの演出や「自共対決」のアピールによるイメージ戦略があり，25年のインターネット選挙解禁の頃からはネット戦略の強化にも取り組んだことが奏功したものとみられる。また，27年9月の平和安全法制成立後には，「国民連合政府」構想を提唱し，他野党に選挙協力協議を呼び掛けたほか，日米安保条約廃棄の凍結や自衛隊の活用といった方針の提示や国会開会式への出席で，「現実路線」をアピールするなど柔軟路線を次々と展開している。こうした共産党のイメージ戦略について，近年の動きを中心に考察したい。

1　ソフトイメージの演出

　まずは，共産党のイメージ戦略について，平成16年1月の第23回党大会における綱領改定から見ていくこととしたい。

(1)　綱領の全面的改定で国民向けにソフトイメージを演出

　現綱領は，昭和36年の第8回党大会で採択されたものであるが，これまで5回の改定が行われている。特に，平成16年1月の第23回党大会では全面的な改定が行われ，マルクス・レーニン主義特有の用語や，革命のプロセスに関し国民が警戒心を抱きそうな表現についてはことごとく削除，変更した。不破哲三議長（当時）は，15年6月の第7回中央委員会総会（以下，「○中総」という。）で，綱領改定の趣旨について，「多くの人びとにより分かりやすい綱領となるように，表現をあらためる」と説明したように，ソフトイメージの演出に努めた。

　しかし，日本をアメリカの「事実上の従属国」とする現状規定を始め，民主主義革命から社会主義革命へと進む二段階革命論，幅広い勢力の結集を目指す統一戦線戦術といった基本路線に変更はなく，共産主義社会の実現という最終目標も堅持した。

(2)　不破議長が天皇，皇后両陛下と同席し天皇制への軟化姿勢をアピール

　共産党は，16年の綱領改定で「君主制の廃止」という表現を削除し，「天皇の制度は憲法上の制度であり，その存廃は，将来，情勢が熟したときに，国民の総意によって解決されるべきもの」とした。16年11月には，不破議長がデンマーク女王主催の晩餐会に出席し，党のトップとして初めて天皇，皇后両陛下と同席した。また，晩餐会出席の翌月には，党本部職員の勤務規程を改定し，それまで"天皇制との関わりが深い"として「休日」にしていなかった建国記念の日，みどりの日，天皇誕生日の3祝日を「休日」にするなど，天皇制への軟化姿勢を示した。

　こうした一連の動向だけをみれば，共産党が天皇制を容認したかのように見えるが，不破議長が，その著書である「新・日本共産党綱領を読む」の中で，「綱領でも述べているように，私たちは，日本の将来の発展の方向としては，天皇の制度のない，民主共和制を目標とする立場に立っている」としているとおり，天皇制を廃止するという共産党の基本的スタンスは，現在も何ら変わりがない。

(3)　インターネット・ＳＮＳの活用，女性・若手候補の積極起用

　共産党は，25年の公職選挙法の改正に伴いインターネット等による選挙運

日本共産党のイメージ戦略　**77**

動が解禁となったことを契機として，インターネット・ＳＮＳ（ソーシャル・ネットワーキング・サービス）の活用に力を入れ始めた。25年5月には，志位委員長自らツイッターを開始し，志位委員長のツイッターでは「政治に加え，音楽や猫の話が『親しみやすい』と話題になっている」（25年7月8日付け「日刊スポーツ」）などと取り上げられた。

　また，25年6月には，共産党ホームページ内に「カクサン部」と称するサイトを開設した。8人の「ゆるキャラ」が，それぞれの担当する政策課題を説明するという内容だが，マスコミに，「共産党のネット戦略を象徴するのが……『カクサン部』だ」（25年7月23日付け「朝日新聞」），「ユニークな戦略で共産党が風を起こす」（25年7月26日付け「日経新聞」）と取り上げられるなど，注目を集めた。

　また，最近の国政選挙では，女性・若手候補の積極起用が目立った。特に，25年参院選で当選した吉良佳子参議院議員（当選時30歳）については，26年1月15日付け「読売新聞」で，「党躍進支える『アイドル』」，「名字をもじってつけられた『キラキラサポーターズ』という勝手連のイベントは，『ファン感謝祭』（9月），『クリスマスパーティー』（12月）と銘打って開かれ，堅いイメージを打ち消した」などと報じられた。こうしたＳＮＳ等の活用や女性・若手候補積極起用の動きは，共産党の変化を印象付け，ソフトイメージを演出するのに一役買ったところだろう。

2　「自共対決」アピールで国政選挙等で躍進

　こうしたソフトイメージの演出とともに，共産党が力を入れてきたのが，「自共対決」のアピールである。

(1)　綱領改定等でソフトイメージ演出も平成24年衆院選まで退潮傾向

　まず，参院選の結果を見ると，綱領の大幅改定後，「綱領の内容を国民的規模で語る最初の大きな舞台」（16年1月第23回党大会決議）と位置付けて臨んだ16年参院選では，20議席（非改選含む）から9議席（同）に大きく後退した。その後，19年参院選では9議席（同）から7議席（同）に減らし，22年参院選では7議席（同）から6議席（同）に減らした。

78

次に，衆院選の結果を見ると，17年衆院選及び21年衆院選では，それぞれ解散時9議席を維持したが，24年衆院選では解散時9議席から1議席減の8議席に後退した。

　このように共産党は，綱領の全面改定等でソフトイメージを演出したものの，16年から24年までの国政選挙においては退潮傾向が続いた。これは，16年から24年までの国政選挙の焦点が，郵政民営化関連法案の賛否（17年衆院選），民主党への政権交代（21年衆院選），自民党の政権奪還（24年衆院選）等，自民党と民主党を中心とするものであったことや，日本維新の会やみんなの党等，「第三極」と呼ばれた勢力が，政権批判票の受け皿となり，共産党が野党の中で埋没したことが要因とみられる。

(2)　「自共対決」アピールで25年参院選から躍進

　しかし，共産党は，25年参院選で6議席（非改選含む）から11議席（同）に，26年衆院選では解散時8議席から21議席にと，それまでの退潮傾向から一転して躍進した。この要因の一つが，「自共対決」のアピールの成功だろう。

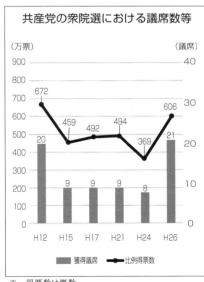

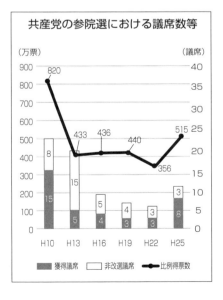

※　得票数は概数。

日本共産党のイメージ戦略　79

共産党は，自民党の政権復帰後，消費税問題，原発問題，ＴＰＰ（環太平洋パートナーシップ）問題及び米軍基地問題等で自民党との対立軸を明確にし，「自共対決」を前面に打ち出し始めた。こうした「自共対決」のアピールは，民主党や他の「第三極」政党が自民党の政策との違いを鮮明に打ち出すことに苦心し，低迷傾向にある中，共産党の存在感を高め，政権批判票が共産党に流れる要因を作ったとみられる。

　志位委員長は，26年衆院選後の３中総において，党勢拡大が進んでいない現状を明らかにした上で，「二大政党づくりの破たん，『第三極』の衰退のもとで，『自共対決』の構図がより鮮明になるもとでの総選挙となったという客観的条件も，わが党に有利に作用した」，「一昨年の参院選（25年参院選）を総括した第25回党大会８中総では，『今回の躍進は，私たちの実力以上の結果であるということを，リアルに直視する必要がある』とのべましたが，昨年の総選挙（26年衆院選）の躍進も，党の自力という点では『実力以上』のものだった」と評価している。「自共対決」のアピールを通じて政権批判票の受け皿となったことが，共産党に「実力以上」の議席数をもたらしたということだろう。

⑶　27年統一地方選で結党以来初めて全都道府県議会で議席確保

　「自共対決」のアピールは，27年の統一地方選でも続き，共産党は，41道府県議選で111人（前回選比＋31人）が当選した。同選挙では，共産党県議の「空白」県であった栃木，神奈川，静岡，愛知，三重，滋賀及び福岡の７県全てで議席を獲得したほか，現職県議が26年衆院選に出馬したため議席を失っていた秋田，岐阜両県でも議席を取り戻し，選挙が行われなかった６都県（岩手，宮城，福島，茨城，東京及び沖縄）と合わせて，結党以来初めて全都道府県議会で議席を確保した。

　マスコミ各紙が，「反自民票は共産党に流れたようだ」（27年４月14日付け「朝日新聞」），「安倍政権批判票の受け皿として存在感を示した」（前同日付け「読売新聞」）などと報じていることからも，「自共対決」のアピールが奏功したものといえる。

　また，同年９月から11月に掛けて行われた岩手，宮城，福島各県の県議選では，宮城県議選で共産党が改選前４議席から８議席へと議席を倍増させる

など，３県合計で改選前11議席から16議席へと議席を増加させた。

(4) 首長選での"共産党アレルギー"も

こうした躍進の一方，"共産党アレルギー"が話題となった選挙もあった。一つは，27年10月の大阪府知事選・大阪市長選のいわゆる「大阪ダブル選」である。共産党は，同選挙で，「『反維新』の共同を広げて必ず勝利する」として，「自共対決」とは正反対の「自共共闘」の方針をとり，知事選，市長選共に自民党の推薦候補を支援した。結果的に，共産党が支援した候補は，地域政党「大阪維新の会」の候補に，知事選では約97万票差を，市長選では約19万票差をつけられ敗北した。

「大阪維新の会」の根強い地元人気を裏付ける結果ではあったが，「共産党の支援が自民推薦候補の敗因の一つとの見方もある」（27年11月25日付け「日経新聞」），「自民，共産両党の共闘が批判を浴びた」（27年11月28日付け「産経新聞」）などと，共産党が支援に力を入れたことで，かえって選挙戦が不利になったとも報じられた。

もう一つは，28年１月の宜野湾市長選である。共産党は，同選挙で，「『オール宜野湾』の一翼を担い，……勝利に全力を挙げています」として，革新系無所属の新人候補を支援し，保守系無所属の現職候補との一騎打ちとなる選挙戦を戦った。当初，接戦とみられていた同選挙だが，最終的には現職候補が，新人候補に約6,000票差をつけて圧勝したことで，「『共産との連携で票が逃げる』との見方がますます強まりかねない」（28年１月26日付け「毎日新聞」）などと報じられた。

こうした選挙結果からは，依然として共産党に対するアレルギーが根強いことがうかがわれる。「自共対決」で政権批判票を集めることはできるものの，国民からの積極的な支持を集めているわけではないということが，浮き彫りとなった結果なのではないだろうか。

3　「国民連合政府」構想の提唱・"現実路線"のアピール

(1) 「国民連合政府」構想の提唱

共産党は，平和安全法制の可決成立後の平成27年９月19日，緊急の４中総

を開催し、「国民連合政府」構想を提唱した。同構想は、①「戦争法（安保法制）廃止、安倍政権打倒のたたかいをさらに発展させよう」、②「戦争法廃止で一致する政党・団体・個人が共同して国民連合政府をつくろう」、③「『戦争法廃止の国民連合政府』で一致する野党が、国政選挙で選挙協力を行おう」、の3点を柱として掲げるものであった。

　共産党は当初、「国民連合政府」の樹立で一致する野党が選挙協力を行うとして、選挙協力に向けた政党間協議を呼び掛けていたが、連立政権樹立を前提とした選挙協力に対し、他党が難色を示したため協議が思いのほか進展しなかった。こうしたことから、28年1月14日には、志位委員長が記者会見で、「『国民連合政府』が必要だという考えに変わりはないが、これをどう扱っていくのかも含めて話し合いをやろう」として、一定の譲歩を見せた。さらに28年2月22日になると、「政権の問題は、横に置いて選挙協力の協議に入り、今後の協力のなかでわが党の主張をしていきたい」として、「国民連合政府」構想での合意を必要とせず、参院選の一人区で擁立済みの公認候補を条件付きで取り下げる方針を決定した。結果、同構想は、提唱から約5か月で一時棚上げとなった。

　ただし、共産党は、同構想を掲げたことによって、マスコミから、「選挙協力　動く共産」（27年9月25日付け「朝日新聞」）、「共産　政権批判の結集狙う」（27年10月14日付け「毎日新聞」）などと頻繁に報じられ、注目を集めた。同構想提唱による「宣伝効果」は大きかったといえる。

(2) "現実路線" のアピール

　志位委員長は、27年10月15日の日本外国特派員協会での講演で、日米安保条約廃棄の凍結や自衛隊の活用といった考えを示し、「国民連合政府」構想の実現に至った場合には現実的な対応をとることを強調し、「現実路線」をアピールした。

　また、共産党は、28年1月4日、これまで「天皇の御臨席、お言葉は憲法違反」であるなどとして欠席していた国会開会式に出席した。志位委員長は、27年12月24日の記者会見で、天皇陛下のお言葉について、「この30数年は儀礼的なものになり、慣例として定着した」とした上で、「開会式の形式が戦前踏襲という問題については、抜本的な改革を求めていく」、「改革を実

現するうえでも出席することが積極的な対応になる」などと説明し，「現実路線」をアピールした。

日米安保条約廃棄の凍結や自衛隊の活用については，共産党が方針を転換したかのような錯覚を覚えるが，あくまでも共産党は，日米安保条約等が一定期間存在することを容認しているに過ぎない。共産党は既に，12年の22回党大会決議で，「第一段階は，日米安保条約廃棄前の段階」，「第二段階は，日米安保条約が廃棄され，日本が日米軍事同盟からぬけだした段階」，「第三段階は，国民の合意で，憲法9条の完全実施─自衛隊解消に取り組む段階」などと段階を踏んで日米安保条約廃棄と自衛隊解消に向かう方針を明記しており，これまでの党の方針を変更するものではない。

国会開会式出席についての前述の説明についても，そもそも，天皇制については，「その存廃は，将来，情勢が熟したときに，国民の総意によって解決されるべきもの」と綱領において明記しており，この点においても共産党の方針が変わるものではない。一時しのぎの「現実路線」をアピールすることで，「共産党アレルギー」を払拭し，野党共闘の進展や無党派層の取り込み等を図る共産党の欺瞞的な体質がうかがえる。

(3) 党名変更について

こうした中，党名変更が話題に上ったこともあった。これは，週刊誌等が，「共産党が党名変更する可能性がある」との記事を掲載したことに端を発しているようだが，志位委員長は，28年1月4日の記者会見で，党名変更の可能性について質問され，「（共産党の名称は）私たちの根本理想を刻んだ名前だ。未来にわたって大事に使っていく」と党名変更を否定した。振り返れば，不破前議長も，16年8月27日の2中総において，「戦前から『共産党はこわい党だ』という悪宣伝をやってきたのが日本の支配勢力である」，「『共産党』という名前を捨てて，『普通の政党』になったら，一番大喜びするのは支配勢力」などと党名変更を明確に否定している。

ただ，これまで述べてきたように，その本質を隠しながら様々なイメージ戦略に取り組んできた共産党のことであるから，党名を変更した方がはるかにメリットがあると判断すれば，これを新しいイメージ戦略の「切り札」とするかもしれない。今は，その影響の大きさを見極めている最中だと思うの

は，考え過ぎだろうか。

※　「週刊ポスト」は，「共産党が『大衆党』に党名変更」との見出しで，「共産党支持者からも『大衆党』や『国民党』などイデオロギーを排した党名に変えてほしいという声があがっている」などと掲載し（28年1月1日・8日号），「日刊スポーツ」は，「共産　日本大衆党か　本気で党名変更検討」との見出しで，「共産党の中で党名変更を模索する動きがある」などと掲載した（28年1月1日付け）。

おわりに

　共産党は，ソフトイメージの演出，「自共対決」のアピールというイメージ戦略を展開したことが功を奏し，国政選挙等での躍進につながったものとみられる。そして，今夏（平成28年）の参院選等へ向け，新たに「国民連合政府」構想の提唱と「現実路線」のアピールというイメージ戦略に取り組んでいる。これらに通底しているものは，国民の共産党への警戒心を薄めたいという意図だろう。

　共産党は，28年の参院選に向けて，「比例代表で8人以上の当選を必ず勝ちとる。13の複数定数の選挙区（北海道，東京，茨城，埼玉，千葉，神奈川，静岡，愛知，京都，大阪，兵庫，広島及び福岡）では，そのすべてで日本共産党公認候補の必勝をめざす」としている。また，「『共産党アレルギー』という声も聞こえてくるが，共産党に対する拒否感をなくすための努力を更に強めたい」としている。

　まずは，28年の参院選での共産党の議席数の増減が，こうしたイメージ戦略の成否を表すバロメーターとなるだろう。議席増となれば，共産党の課題である党勢拡大と世代交代にも弾みがつくだろうか。

　いずれにしても，共産党の究極の目標は，綱領の実現，いわゆる共産主義社会の実現である。読者の皆さんには，今後も共産党の動向に注目し続けていただくとともに，そのイメージ戦略を冷静に見つめ，共産党の本質を見極めてもらいたい。

（平成28年3月11日記）

平成27年の日本共産党の
動向を振り返って
～「国民連合政府」構想を提唱～

はじめに

　共産党は，平成27年9月，平和安全法制関連二法が参議院本会議で可決され，成立したことを受けて，緊急の第4回中央委員会総会（以下「○中総」という。）を開催した。同総会で，志位和夫委員長は，26年7月の集団的自衛権行使容認の閣議決定の撤回と平和安全法制の廃止を目指す「国民連合政府」構想を提唱し，国政選挙での野党間の選挙協力も視野に入れた，これまでにない新たな方針を打ち出した。「国民連合政府」構想は，マスコミ各紙により，"共産，他党と選挙協力　独自候補擁立方針見直し"などとの見出しで，その他野党の反応等も合わせて報じられたことから，一躍脚光を浴び，その存在感を示すこととなった。一方，平和安全法制の反対運動の高まりを国民からの支持拡大を図る絶好の機会と捉えた共産党は，27年6月から約4か月間，「戦争法案阻止・党勢拡大大運動」に取り組んだ。また，選挙闘争では，27年4月の第18回統一地方選で，議席数を増加させるなど，26年12月の衆院選を始めとする最近の国政選挙での勢いそのままに地方選でも躍進を果たした。

　本稿では，「国民連合政府」構想をめぐる動向や党勢拡大の取組等を中心に，27年中における共産党の動向を振り返ることとする。

1 「国民連合政府」構想の提唱

　共産党は，平成27年9月19日，平和安全法制関連二法の可決成立後，緊急に開催した4中総において，「『戦争法（安保法制）廃止の国民連合政府』の実現をよびかけます」との志位委員長の提案を確認した。この提案は，「①戦争法（安保法制）廃止，安倍政権打倒のたたかいをさらに発展させよう」，「②戦争法廃止で一致する政党・団体・個人が共同して国民連合政府をつくろう」，「③『戦争法廃止の国民連合政府』の樹立で一致する野党が国政選挙で選挙協力を行おう」の3点を柱とする政権構想であった。

　志位委員長は，4中総を開催した目的について，「安倍自公政権による戦争法の強行という事態になりました。戦後最悪の違憲立法です。同時に，これに反対する新しい国民運動が全国で澎湃として起こっています。そういう新しい局面に立って，国民へのよびかけという形で党として新しいたたかいの方向を示すことにあります」と述べ，重要な方針提起を行うための緊急開催であることを明らかにした。また，「国民連合政府」構想の説明に際して，「戦後かつてない新しい国民運動が広がっていること，それを背景に野党の共闘も発展したことの意義」を強調し，「今回の提案を広く国民に訴えて合意形成に努めつつ，当面する参院選『850万票，得票率15％以上』をめざして全力を尽くすこと」を訴えた（27年9月20日付け「しんぶん赤旗」）。

　次に，今回提唱した「国民連合政府」構想について，過去の主張と比較しながらその特徴点等について述べることとする。

○　綱領の上では"「さしあたって一致できる目標の範囲」での政府"と位置付け

　共産党は，党綱領で，民主主義革命を実行する「民主連合政府」の樹立を目指すが，その過程で，幾つかの目標で一致した場合は，「さしあたって一致できる目標の範囲」での「統一戦線の政府」を作るとしている。

　志位委員長は，今回提唱した政権構想について，「連合政府の任務は，集団的自衛権行使容認の『閣議決定』を撤回し，戦争法を廃止し，日本の政治に立憲主義と民主主義をとりもどすこと」とした上で，「"戦争法廃止，立憲

主義を取り戻す”という一点での合意を基礎にした政府であり，その性格は
暫定的なもの」，「党綱領の上では，『さしあたって一致できる目標の範囲』
での統一戦線と政府」などと説明し，現綱領との関係で矛盾が生じないこと
を強調した（27年9月20日付け「しんぶん赤旗」）。

○　「さしあたって一致できる目標の範囲」での政府の提唱は26年ぶり

　「さしあたって一致できる目標の範囲」での政府の提唱は，今回の「国民
連合政府」が初めてというわけではなく，共産党は，これまでにも，その
時々の社会情勢等を捉えた暫定的な政権構想を提唱している。過去に提唱し
た政権構想は，いずれも実現には至っていないが，直近では，平成元年7
月，消費税導入やリクルート事件等の政界情勢を捉えて，同月施行された参
議院議員通常選挙（以下「参院選」という。）に向けた3つの緊急課題（①
消費税の廃止，②企業献金の禁止，③主食であるコメの自由化阻止）での国
民的共同を呼び掛け，暫定連合政府を提唱した。

　志位委員長は，「国民連合政府」構想の提唱にあたって，「さしあたって一
致できる政府の提起は26年ぶりである」，「これまでの政権構想と比べて，情
勢の成熟でも，国民運動の発展でも，政党間の協力でも，現実性をもった提

※　共産党が過去に提唱した「さしあたって一致できる目標の範囲」での政府

提唱年月日		提唱内容
昭和35年 5月31日	選挙管理内閣	岸内閣による新安保条約承認の強行採決を受け，「岸一派を のぞく全議会勢力が…，選挙の民主的施行を最低限の目標 にして，選挙管理内閣をつくり，国会を解散すること」を 提唱
昭和49年 10月30日	選挙管理内閣	田中首相の金脈問題発覚を受け，「国政問題では当面の緊急 措置に応じながら，全体としては選挙の民主的な実行をお もな任務とする暫定内閣（選挙管理内閣）」を提唱
昭和51年 12月1日	暫定政府	ロッキード事件の発覚を受け，①小選挙区制阻止，②ロッ キード徹底究明，③不況とインフレからの国民生活擁護の 3点を掲げ，暫定政府の樹立を提唱
平成元年 7月13日	暫定連合政府	消費税導入，リクルート事件等の政界情勢を捉えて，同年 の参院選に向けた3つの緊急課題（①消費税の廃止，②企 業献金の禁止，③主食であるコメの自由化阻止）での国民 的共同を呼び掛け，暫定連合政府を提唱

平成27年の日本共産党の動向を振り返って　87

起です」と主張した（27年9月20日付け「しんぶん赤旗」）。

○　国政選挙での選挙協力方針を盛り込んだのは党史上初めて

　共産党は，過去にも社会情勢に応じて弾力的な立場を示し，暫定的な政権構想を提唱してきたわけであるが，今回提唱した「国民連合政府」構想は，国政選挙での選挙協力方針を盛り込むという一歩踏み込んだものであった。志位委員長は，提唱後の記者会見で，「政権構想で一致する野党間で，衆院選，参院選において選挙協力を行おうというところまで踏み込んで方針を提起し，各党に呼び掛けるということは，党の歴史でも初めてのこと」であると述べ，今回の提唱が斬新な方針提起であることを強調した（27年9月21日付け「しんぶん赤旗」）。

　志位委員長は，構想提唱後，野党各党首との会談を行い，選挙協力を呼び掛けた。今後，野党間の選挙協力が実現するのか，次期参院選に向けた動向が注目されるところである。

○　基本政策「日米安保条約廃棄，自衛隊解消」の凍結で柔軟姿勢をアピール

　志位委員長は，「国民連合政府」構想を提唱した約1か月後の10月15日，日本外国特派員協会で講演を行い，共産党が掲げた「国民連合政府」構想を広くアピールした。講演では，綱領で掲げる「日米安保条約の廃棄」や「自衛隊の解消」といった基本政策を凍結する考えを示し，構想実現に至った場合の柔軟姿勢を強調した。

　しかし，これらの主張は，特に目新しいものではない。志位委員長は，10月29日の記者会見で，「日米安保条約については，その廃棄論者と肯定論者によって構成される暫定政権の場合に，安保条約にかかわる問題を凍結するという方針は，……第21回党大会3中総（1998年9月）で私が行った幹部会報告で述べており，党の決定となっています」，「自衛隊については，急迫・不正の主権侵害など，必要に迫られた場合には，自衛隊を活用するという方針を，2000年の第22回党大会で決定しています」などと説明しており，これまでの党の方針を何ら変更するものではない。

88

2 「党勢拡大大運動」の取組と拡大成果

○ 「戦争法案阻止・党勢拡大大運動」を提起

　共産党は，27年6月9日，党本部で幹部会を開催し，9月30日までを期限とする「戦争法案阻止・党勢拡大大運動」（以下「大運動」という。）を提起した。大運動では，平和安全法制をめぐり，「国会論戦と国民的共同で安倍政権を包囲し，この企てを阻止するために，党の総力をあげてたたかいぬく」，「いまほど，国民の期待に応え，情勢を切り開くことができる，強く大きな党をつくることが求められている時はない」として，強大な党建設を目指した党勢拡大に取り組むことが決定された。大運動の拡大目標としては，「全党的には2万人を超える党員拡大をめざす」，「『しんぶん赤旗』読者拡大では，全党的には一刻も早く前回参院選時を回復・突破することをめざし，『大運動』期間中に昨年の総選挙時を回復・突破する」ことなどが示された。

　幹部会決定翌日の6月10日には，全国都道府県委員長会議が開催され，志位委員長等より，大運動拡大目標の達成に向け，全党を挙げて取り組むよう指示がなされた。また，大運動提起後もほぼ毎月のように，党本部に都道府県の代表者等を集め，全国都道府県委員長会議を開催し，党勢拡大目標の全党を挙げた達成に向けて，大運動の更なる取組強化を指示するなど，党内の引き締めを図った。

○ 「大運動」による拡大成果は限定的

　共産党は，大運動終了後，10月6日，党本部で幹部会を開催し，「『戦争法廃止の国民連合政府』の実現へ　参議院選挙勝利，党勢拡大の飛躍的前進のために全党が立ち上がろう」とする決議を全会一致で採択した。志位委員長は，幹部会の開催趣旨について，「『大運動』の成果のうえに，『国民連合政府』の提案を踏まえて，今後のたたかいの方向について方針を打ち出すことが目的である」と説明した。10月6日の幹部会では，主に大運動の拡大成果について報告がなされ，約4か月間にわたった大運動の成果は，「入党決意が5,051人，『しんぶん赤旗』読者拡大では，日刊紙2,610人，日曜版1万444人それぞれ増加した」とされた。

平成27年の日本共産党の動向を振り返って　89

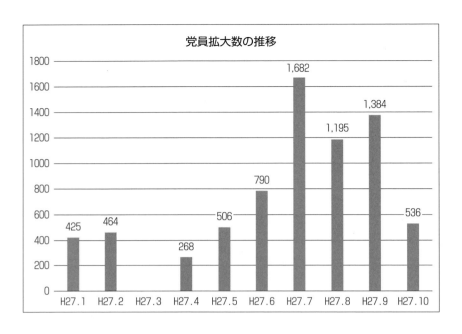

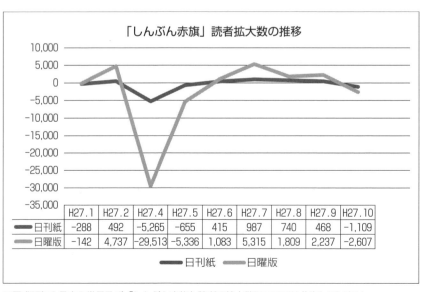

※平成27年3月中の党員及び「しんぶん赤旗」読者の拡大数については公表していない。

共産党は，今回の大運動について，「昨年の総選挙以降の全党的な後退傾向から前進に転じ，党員では３か月連続前進，『しんぶん赤旗』読者の日刊紙，日曜版では４か月連続で前進したことは貴重な成果」と評価した。また，山下芳生書記局長は，「９月末までの『大運動』では，新たな前進がつくりだされたものの，目標に比べると前進は端緒的である」とした上で，「開始された前進を絶対に中断させることなく，『飛躍的前進を勝ち取ろう』」と呼び掛け，「国民連合政府」構想の実現に向けて更なる党勢拡大の取組強化を訴えた。

　共産党は，今回の大運動に限らず，これまでにも，"党創立○周年"や国政選挙等といった機会を捉え，「党勢拡大大運動」や「躍進月間」といった強化月間を設けて党勢拡大に取り組んでいる。直近では，26年５月15日から７月31日までの間，「党創立92周年・いっせい地方選挙勝利をめざす躍進月間」に取り組み，約２か月半の期間中，新入党員5,100人，機関紙読者１万2,000人をそれぞれ拡大したと発表した。共産党は，今回の大運動でも拡大成果をアピールしているが，26年に取り組んだ「躍進月間」と比べても飛躍的なペースで党勢拡大が伸張したとは言えず，大きな成果を収めたとは言い難い。

　また，共産党は，大運動が終了した翌月の10月の党勢拡大結果について，「党員拡大は536人の新しい党員を迎え，『しんぶん赤旗』読者拡大は，日刊紙1,109人減，日曜版2,607人減となり，日刊紙，日曜版とも後退した」と発表した（27年11月３日付け「しんぶん赤旗」）。大運動期間中，党員拡大については，７月以降９月まで毎月千人台の増加で推移し，「しんぶん赤旗」読者拡大については，４か月連続で増紙を続けたものの，「大運動」が終了した途端，後退へと転じたこととなる。こうしたことから見ても，彼らの目指す党勢拡大が必ずしも順調に進んでいない実態が見てとれる。

3　第18回統一地方選等の結果

(1)　第18回統一地方選挙

○　投票率が低下し，共産党にとって有利な選挙戦に

　平成27年４月，知事選や道府県議選等の前半戦（４月12日投票），市町村

議選等の後半戦（4月26日投票）に分けて，第18回統一地方選挙が行われた。一般的に，投票率が低下すれば一定の組織票を有する共産党にとって有利な選挙になると言われるが，今回の統一地方選では，前半戦及び後半戦で軒並み投票率が低下し，今回実施した10選挙のうち，区長選を除く9選挙で過去最低の投票率を記録した。

○　結党以来初めて全都道府県議会で議席を確保

　今次統一地方選では，25年7月の参院選，26年12月の衆議院議員総選挙に続き，共産党が躍進する結果となった。県議会で議席を有していなかった栃木，神奈川，静岡，愛知，三重，滋賀及び福岡の7県全てで議席を獲得し，選挙が行われなかった6都県（岩手，宮城，福島，茨城，東京，沖縄）と合わせて，結党以来初めて全都道府県議会で議席を確保した。神奈川，愛知，三重，滋賀及び福岡では，県議空白を解消するばかりでなく，複数議席を獲得した。その他の議席を有していた道府県でも概ね議席を伸ばし，選挙が行われた41道府県のうち，議席を減少させたのは4県のみであった。

○　「自共対決」を鮮明に打ち出し，与党批判票の受け皿に

　共産党は，「安倍政権の暴走政治と真正面から対決するとともに，国民の立場にたった対案を示し，国民のみなさんとの共同を広げる」として，選挙時の政策アピールの主な柱として，消費税増税，原発再稼働，沖縄県の米軍新基地建設問題等，国民の間で意見が分かれる問題を取り上げ，選挙戦を展開した。他の野党とは一線を画し，政権与党の自民党に対する対決姿勢「自共対決」をより鮮明に打ち出す政治姿勢を貫いたことで，与党批判票の受け皿となり無党派層を取り込んだものとみられる。選挙後の報道でも，「民主『対決』描けず埋没，共産躍進支持層拡大」（27年4月14日付け「毎日新聞」）などと報じられている。

(2)　主な中間選挙

○　宮城県議選で議席倍増，県政史上初の県議会第2党へ

　共産党は，宮城県議会選挙（10月25日投開票）で，23選挙区中9選挙区に9人の候補者を擁立した結果，現職3，新人5の合計8人が当選し，現有4議席から8議席へと倍増した。同選挙は，平和安全法制関連二法の成立や環太平洋経済連携協定（TPP）交渉の大筋合意後初めて行われた県議選であ

ったが，自民党のほか，民主党や社民党が軒並み議席数を減らす中，共産党
は，宮城県政史上初めて，県議会第2党に躍進した。この選挙結果は，「共
産倍増，第2党に―安保，ＴＰＰ反対で」，「民・社，埋没に危機感　政権批
判票，共産に流れ」などの見出しで報じられた。

　山下書記局長は，投開票翌日の記者会見で，宮城県議選の結果について，
「わが党が呼びかけている『戦争法廃止の国民連合政府』実現に向けた大事
な一歩になった」と強調した。

おわりに

　共産党は，平成27年中，新たな政権構想を打ち出し，「大運動」と称して
全党を挙げて党勢拡大に取り組んだ。また，選挙では，地方選で，結党以来
初めて全都道府県議会で議席を確保した。28年には，参院選が行われる。共
産党は，28年の参院選を「『国民連合政府』構想の実現にとって，極めて重
要な節目」とした上で，「比例代表を選挙戦の軸に位置づけ，『850万票，得
票率15％以上』の達成，8人以上の当選」との目標を示す（27年10月6日の
幹部会決議）など，次期参院選での更なる躍進を目指している。また，次期
参院選では，「18歳選挙権」の適用が見込まれ，その場合，有権者の年齢が
引き下げられることとなる。共産党は，26年1月の第26回党大会で，党建設
の2大目標の一つとして，「世代的継承」に取り組むことを決定しているこ
とから，今後，より一層若者への支持拡大の取組に傾注するものとみられ
る。

　26年ぶりに政権構想を提唱し，党史上初めて野党間での全面的な選挙協力
を打ち出した共産党にとって，平成28年は，更なる飛躍の年になるのであろ
うか。今後の動向に注目していきたい。

（平成27年11月4日記）

平和安全法制関連法案を
めぐる日本共産党の動向

はじめに

　共産党は，例年，年初に“仕事始め”の行事に当たる「党旗びらき」を党本部で開催している。「党旗びらき」では，委員長が，どのような点に重点を置き，党活動に取り組んでいくかなど１年間の取組方針等について演説し，その模様は全国の共産党事務所にインターネット中継される。

　志位和夫委員長は，平成27年１月の「党旗びらき」で，“安倍政権は，集団的自衛権行使容認の「閣議決定」を具体化する平和安全法制関連法案を，いっせい地方選挙後に一括して国会に提出し，通常国会を大幅延長してでも一気に押し切る構えを強めて”いるとして，“「海外で戦争する国」づくりを許すなの一点で，広大な国民的共同のたたかいを発展させ，安倍政権の野望を必ず打ち砕こう”と呼び掛けた。今次（第189回）通常国会の最大の焦点である平和安全法制関連法案をめぐり，共産党は全党を挙げて，反対運動に取り組むとともに，「戦争法案阻止・党勢拡大大運動」を提起するなど党勢拡大を図った。

　本稿では，平和安全法制をめぐる共産党の動向に注目し，それが党勢拡大にどのような影響を与えたのか考えてみたい。

　なお，本稿の内容は，執筆の関係上，27年９月４日時点のものであること

をお断りしておく。(文中敬称略)

1 平和安全法制関連法案に対する共産党の主張等

⑴ 「後方支援」,「国連平和維持活動（PKO)」,「集団的自衛権」の3つの
観点から廃案を訴える

　共産党は,平和安全法制関連法案（以下「法案」という。）について,"憲
法9条破壊の3つの大問題がある"とした。

　すなわち,第一は,米国が世界のどこであれ,戦争に乗り出せば,自衛隊
はこれまで活動が禁じられていた「戦闘地域」でも米軍を始め他国軍への軍
事支援が可能になること,第二は,国連平和維持活動（PKO）法の改定で,
国際治安支援部隊のようなPKOとは関係のない活動にも自衛隊が派遣され,
戦闘を行う危険があること,第三は,日本が武力攻撃を受けていないのに,
集団的自衛権を発動し,米国とともに海外で戦争に乗り出す危険があること
を指摘している（27年5月12日付け「しんぶん赤旗」)。共産党は,国会論戦
や「しんぶん赤旗」での主張において,これら3点を中心に取り上げ,法案
廃案を訴えた。

　5月26日,衆議院本会議で代表質問に立った志位委員長は,本会議後の記
者会見で,"法案の大きな問題点を「後方支援」,「国連平和維持活動（PKO)」,
「集団的自衛権」の3つの角度からただしましたが,政府は正面からきちん
とこたえませんでした。今後の中心論点の基本・骨組みを示したので,特別
委員会で一問一答として詰めていきたい"と感想を述べ,今後の国会論戦に
意欲を示した。

⑵ 「戦争法案」であり,「平和安全法制」こそが偽装表示であると主張

　法案が閣議決定されたことを受けて,共産党は,法案の呼称をそれまでの
「戦争立法」から「戦争法案」に変更した。「しんぶん赤旗」には,"海外で
戦争する国」づくりを許すな",""戦争法案阻止」","「殺し,殺される」国に
するな"等といったフレーズが多く見られるようになった。志位委員長は,
安倍総理が「戦争法案」という批判は,根拠のない典型的な「レッテル貼
り」である旨を答弁したことに対して,"戦争への道を「平和と安全」とい

平和安全法制関連法案をめぐる日本共産党の動向　95

うきれいな言葉をまぶしてごまかそうとしています"，"「平和安全法制」こそが偽装表示だと思います" 等と主張した。

2　平和安全法制関連法案をめぐる共産党の動向

⑴　国会における他野党との共闘

　平成27年6月19日，政府与党が，国会会期を大幅に延長する動きを見せる中，志位委員長は，記者会見で "会期延長に反対する，戦争法案は廃案にする" "この一点で野党間の協力を大いに強め，院外のたたかいとの共同も強めて，安倍政権の暴走と対決していきたい" と述べた。

　衆議院は，6月22日の本会議で，国会会期を戦後最長となる95日間延長することを自民党，公明党等の賛成多数で議決したが，民主党，維新の党，生活の党，社民党及び共産党の野党5党は反対した。志位委員長は，"政治的な意思の一致を図ったのは大事" である（6月23日付け「しんぶん赤旗」）と述べ，野党5党が会期延長の反対で一致したことを評価した。

　法案が可決された7月16日の衆議院本会議においても，野党5党は，採決に加わらなかった。同日，開催された野党の緊急院内集会では，志位委員長が，安倍政権を "野党が一丸となって追い込んでいこう" と引き続き野党共闘を呼び掛けたが，維新の党は院内集会に参加しなかった。

　共産党は，野党共闘を呼び掛けたが，対案を示せなかった民主党や独自案にこだわる維新の党等，法案に対する各野党のスタンスには隔たりがあり，足並みが揃ったとは言い切れなかった。

⑵　防衛省内部文書を暴露

　法案を審議する参議院の特別委員会では，8月11日，一般質疑が行われたが，その際に共産党の小池晃参議院議員が「防衛省統合幕僚監部の内部文書」を提出した。

　問題となった文書には，法案成立後の国連平和維持活動（PKO）の実施など自衛隊の運用や訓練の在り方が記載されており，小池議員は，"法案の成立を前提に部隊の編成計画まで出ている。絶対に許されず，法案を撤回すべきだ" と防衛大臣を追及した。その後，質疑は中断，そのまま散会となっ

た。

　翌日の「しんぶん赤旗」は，"戦争法案の施行前提に自衛隊が部隊編成計画"との見出しで，"小池氏「軍部独走の再現」と追及"，"防衛相の責任問われる"等と小池議員の追及を大々的に報じた。また，マスコミ各紙も"自衛隊内部資料巡り紛糾"（27年8月12日付け「朝日新聞」），"自衛隊，成立前提に資料"（同「日経新聞」），"安保特別委中断・散会"（同「読売新聞」）等と取り上げた。

　こうした共産党による暴露は何も珍しいことではない。過去にも官公庁や大企業の内部告発や内部文書に基づき，国会で追及したケースは多数あり，共産党の国会戦術の一つと言っても過言ではないだろう。

　元共産党参議院議員で党政策委員長も務めた筆坂秀世氏の著書『日本共産党』では，"ロッキード事件，KDD汚職，KSD汚職，内閣官房機密費問題，ムネオ事件等々，日本共産党が抜きん出た調査力を発揮した事件は多い"，"日本共産党は，大企業や官公庁のなかにも党組織がある"，"大きな事件や政治問題が発生すると，党内にこれを追及するプロジェクトチームがつくられる"等の記述がある。また，「しんぶん赤旗」の編集局長は，「しんぶん赤旗」のスクープについて，"「赤旗」を支えているのは，草の根の庶民，読者であり，党の組織です。読者だけでなく，印刷，輸送，配達・集金にかかわる全ての人たちが同じベクトルを向いて，「赤旗」を支えてくれています。「赤旗ネットワーク」ともいうべき，このつながりこそが「赤旗」の強みです。「赤旗」のスクープもこうしたネットワークを基盤に生まれるものがほとんどです"と述べている（「前衛」23年11月号）。

　防衛省は，小池議員が暴露した内部文書の存在を認め，8月19日，参議院の特別委員会は，8日ぶりに再開された。

　小池議員が内部文書を入手した経緯等については明らかにされていないが，いずれにせよ，共産党が国会審議に影響を与えるほどの調査力（ネットワーク）を有していることがうかがわれる。

⑶　反対運動を捉えた共産党の動向

○　若者らによる反対取組の盛り上げを図る

　法案反対を訴える集会等が，国会議事堂周辺を始め全国各地で行われ，中

でも，若者や学生らによる集会等はマスコミ報道でも大きく取り上げられた。海外メディアからも注目され，ＡＰ通信は，"労働組合や年配の左翼活動家によるデモが一般だった日本で，学生や若い母親によるデモに注目が集まっている"と報じた。6月14日，青年組織・大学生団体が企画した東京・渋谷でのデモには，約3,500人（主催者発表）が参加し，若者がヒップホップ系音楽に合わせ，踊るように練り歩きながら，法案反対を訴えたという（6月29日付け「毎日新聞」）。

7月3日，学生らの反対集会に参加した山下芳生書記局長は，"（法案は）必ず廃案にしなくてはいけない。その力はどこにあるのか。みなさんのなかにこそあります。みなさんとしっかりスクラムを組んでがんばります"等と，若者との共闘をアピールした。また，志位委員長は，若者らの反対取組について，"大変大きな変化が起きてます"，"政党として心から連帯し，さまざまな形でサポートする。その立場で力を尽くしたい"と述べた。

志位委員長の言葉どおり，共産党は様々な形でサポートを行い，若者らによる反対取組の盛り上げを図った。「しんぶん赤旗」では，全国各地のデモ開催予定や結果，参加した若者の声を連日のように掲載した。また，インターネット動画サイト「生放送！とことん共産党」^(注1)では，小池参議院議員と大学生が法案をテーマに対談する番組を放送したほか，共産党の国会議員が，高校生と平和安全法制について国会内で懇談したことを「しんぶん赤旗」に掲載するなど学生との対話実施とそのアピールに力を入れた。共産党の法案反対ポスターには，「若者を戦場に送る「戦争法案」NO！」，「若者を戦場に行かせない」等といった若者を意識した言葉が並べられた。

　　（注1）「生放送！とことん共産党」
　　　　共産党は，平成24年10月，インターネット動画配信サイトを活用し，「生放送！とことん共産党」と題する番組放送を開始した。番組は，志位委員長を始めとする国会議員らが出演し，その時々のテーマについて語るほか，視聴者からの質問にもリアルタイムで答える内容となっている。

⑷　反対集会・デモに党中央幹部が精力的に参加
　　法案反対を訴える団体が開催した集会には，志位委員長を始め共産党の中

央幹部が精力的に参加した。また，共産党独自の取組として，「戦争法案阻止全国いっせい宣伝週間」（8月23日から8月30日までの間）に取り組み，期間中は，共産党の国会議員が全国各地の街頭宣伝等に参加したほか，8月30日，12万人（主催者発表）が集まったとされる国会議事堂周辺でのデモには，志位委員長が参加し，改めて法案廃案を訴えた。

3　党勢拡大への影響

(1)　「戦争法案阻止・党勢拡大大運動」を提起

　共産党は，平成27年6月9日，幹部会を開催し，6月10日から9月30日までを期限とする「戦争法案阻止・党勢拡大大運動」（以下「大運動」という。）に取り組むことを決定した。大運動の目標は，平和安全法制反対の国民運動を広げるとともに，共産党員，「しんぶん赤旗」読者を増やし，党勢を拡大することである。

　党勢拡大の具体的な目標については，"全党的には2万人を超える党員拡

安全保障関連法案に反対するデモに参加する共産党の志位和夫委員長（中央）ら（平成27年7月15日，東京・永田町，時事）

大をめざす"，"10代，20代の青年・学生党員と労働者の党員を増やす"などとした。

翌10日には，全国都道府県委員長会議を開催し，志位委員長が，"革命的気概を発揮して，立派な成果をあげよう"と呼び掛けた。

○　共産党が抱える党勢の問題

このような大運動を提起した背景には，共産党が抱える党勢の深刻な問題がある。共産党は，26年1月の26回党大会で，党建設の2大目標として，「党勢の倍加」と「世代的継承」に取り組むことを決定した。

党員数は，過去最高の48万4,000人（昭和62年）から30万5,000人（平成26年）に，「しんぶん赤旗」読者数も過去最高の355万人（昭和55年）から124万1,000人にそれぞれ減少し，退潮傾向に歯止めが掛からない。また，党員の高齢化も進んでいる。平成22年，共産党は党員の4割が65歳以上であることを明らかにしたが（22年9月第2回中央委員会総会），26年には党員の5割が65歳以上となったという（26年1月19日付け「朝日新聞」）。共産党にとって党勢拡大は喫緊の課題といえよう。

　　（注2）　共産党は，50万の党員，50万の日刊紙読者，200万の日曜版読者，全体として現在の党勢の倍加に挑戦すること，また，党の世代的継承を，綱領実現の成否

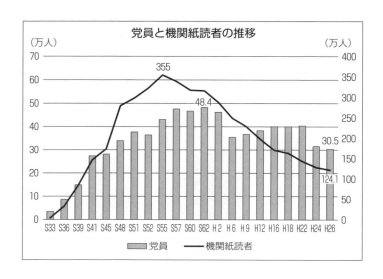

に関わる戦略的課題に据え，全党を挙げて取り組むこと，を決定した。

○　法案反対の取組には党勢拡大の狙いもある？

　「反戦平和を貫いた93年の歴史をもつ」共産党（27年6月9日中央委員会幹部会決議）として，「戦争法案」と位置付ける法整備に反対の声をあげるのは理解できるが，一方で，この反対運動を通じて，若年層を中心とした党勢拡大を図りたい思惑もあるのではないか。

　6月には，選挙権年齢を「20歳以上」から「18歳以上」に引き下げる改正公職選挙法が成立した。来年の参院選から適用される見通しで，全国で新たに約240万人の有権者が増えるという。来年（28年）の参議院議員通常選挙で，過去最高の「比例代表で得票数850万票，得票率15％以上」を目標とする共産党にしてみれば，法案反対を訴える若者らは新たな支持層として，十分魅力的な存在だろう。

　実際に「しんぶん赤旗」では，“戦争法案反対の声をあげる若い世代をはじめ，新たに日本共産党と出会い，結びついた人たちに入党を働きかけています”，“「戦争法案を阻止したい」と入党する学生も生まれている”，“戦争法案阻止の歴史的な闘争と一体に，いまこそ，全県・全地区が思いきって学生に働きかけ，党に迎えましょう”などと反対運動をきっかけとした若年層の党員拡大を訴えている。

　（注3）　国政選挙における共産党の最高得票数（率），獲得議席
　　○第41回衆議院議員総選挙（8年10月）
　　　解散時15議席→26議席
　　　　得票数（率）
　　　　　小選挙区　709万6,765票（12.55％）
　　　　　比例代表　726万8,743票（13.08％）
　　○第18回参議院議員通常選挙（10年7月）
　　　改選前14議席→23議席（非改選を含む）
　　　　得票数（率）
　　　　　小選挙区　875万8,759票（15.66％）
　　　　　比例代表　819万5,078票（14.60％）

(2)　「戦争法案阻止・党勢拡大大運動」の結果

　共産党は，大運動の取組を開始した27年6月から9月までの間に，新入党

員3,700人,「しんぶん赤旗」読者1万人を拡大したという。大運動期間中の8月4日,全国都道府県委員長会議において,山下書記局長が,「戦争法案」反対の"たたかいでも,党勢拡大でも前進の条件が全国に満ち満ちて"と強調するとともに,更なる党勢拡大を訴えた。

「しんぶん赤旗」では,"青年・学生と労働者の党員を迎える地区・支部が広がり,全地区で若い世代と労働者を党に迎えた県も生まれるなど,「世代的継承」でも前進をつくっています","「しんぶん赤旗」の購読申込みが増えている"などと党勢拡大の成果をアピールしているが,実際はどうだろうか。

共産党は,昨年(26年)も「党創立92周年・いっせい地方選挙勝利をめざす躍進月間(注4)」という党勢拡大の大運動に取り組んだ。拡大結果は,2か月間で新入党員5,100人,「しんぶん赤旗」読者1万2,000人とされ,今回の大運動をはるかに上回るペースで拡大成果を上げたこととなる。今回の大運動は9月末までのため,本稿では最終的な拡大結果について述べることはできないが,ここ2か月間の拡大結果だけをみると,飛躍的な党勢拡大にはつながっていないようである。山下書記局長の言葉を借りれば,"前進の条件をくみ尽くしきれていない"といったところだろうか。

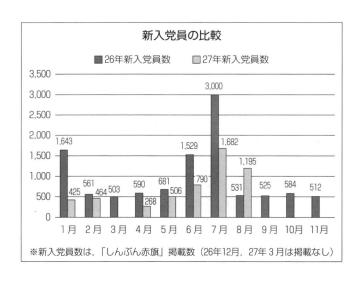

（注４）　「党創立92周年・いっせい地方選挙勝利をめざす躍進月間」
　　　共産党は，26年５月15日，党本部で幹部会を開催し，１月の党大会後，党員，
　　機関紙読者が減少し続けたことを受けて，27年４月に行われる統一地方選挙を勝
　　ち抜く土台を築くため，26年５月15日から７月31日までの間，党勢拡大の取組強
　　化を提起した。

おわりに

　共産党には，「二本足の党活動」と呼ばれる党活動の理論がある。「二本足
の党活動」とは，"人間が二本足であるくように，どんなときでも大衆活動
と党建設を党活動の欠くことのできない二本の足として，しっかりふまえて
前進するという方針"のことであり，「大衆活動」とは，"職場，地域，学園
で党員が大衆の利益や切実な要求を擁護し，実現するために，当面の政治
的，経済的，文化的なさまざまの課題の解決の先頭にたってたたかい，大衆
運動やその諸組織の発展を促進すること"とされている（昭和60年２月28日
付け「赤旗」）。共産党が，法案を捉えて取り組んできた「戦争法案阻止」と
「党勢拡大」の取組は，正にこの「二本足の党活動」といえるだろう。
　しかしながら，近年の国政選挙のたびに「党の自力不足」を問題としてき
た共産党が，この理論に基づいて，党活動に取り組めたのか疑問が残る。盛
り上がりを見せた反対集会やデモばかりに目が向いて，「戦争法案阻止」の
反対運動に傾注した結果，「党勢拡大」の取組は十分に進めることができた
のか。
　ちなみに「二本足の党活動」は，"大衆運動さえやっていれば，党は自然
と大きくなるといった党建設の独自の任務を否定する誤った立場とのたたか
いをつうじて，日本共産党の積極的な伝統としてうちたてられてきたもの"
とされている（同「赤旗」）。
　今後，共産党がどのように「二本足の党活動」に取り組んでいくのか注目
される。

（平成27年９月４日記）

平和安全法制関連法案をめぐる日本共産党の動向　　103

平成26年の日本共産党の
動向を振り返って
～党勢拡大に取り組んだ1年～

はじめに

　平成26年の日本共産党は，4年ぶりとなる第26回党大会で幕を開けた。共産党は，1月15日から18日までの4日間，静岡県熱海市に所在する党施設・伊豆学習会館において，党中央幹部，代議員，評議員，国内来賓等，約950人を集め第26回党大会を開催し，大会決議案，中央委員会報告及び結語を採択した。指導部体制については，志位和夫委員長が再任されたほか，市田忠義書記局長が副委員長に就任し，更にその後任として山下芳生書記局長代行が書記局長に選出され，12年11月の第22回党大会から13年間続いた「志位―市田」体制から「志位―山下」の新体制に移行した。

　また，2010年代の党建設の"大目標"として，「全体として現在の党勢の倍加に挑戦すること」，いわゆる「党勢拡大」を提起した。

　共産党は，このような経緯を踏まえ，26年5月15日の幹部会で，7月31日までを期限とする「党創立92周年・いっせい地方選挙勝利をめざす躍進月間」を決定し，全党を挙げて党勢拡大に取り組んだ。その結果，5,100人を超える入党者を迎え，『しんぶん赤旗』の読者は約1万2,500部の拡大となったことを公表した。さらに，11月には，4年ぶりとなる「第41回赤旗まつり」を開催し，より一層の支持拡大，党勢拡大に力を注いだ。このように26

年中は，共産党にとって「党勢拡大」に奔走する1年であった。

本稿では，「党勢拡大」を中心に，26年の共産党の動きを振り返りたい。

1 第26回党大会〜日本共産党の「党勢拡大」の取組

共産党は，25年7月の参議院議員通常選挙（以下「参院選」という。）で議席を改選前3議席から8議席に伸ばし，これにより，参議院における共産党の議席は非改選と合わせ11議席となった。志位委員長は，25年9月の第8回中央委員会総会（以下「○中総」という。）において，この結果を「第3の躍進^(注)」と評価したが，一方で，「第3の躍進を本格的な流れにしていくためには，強く大きな党をつくることが絶対不可欠である」と総括し，更なる党勢拡大の必要性を訴えた。こうしたことから，年初の第26回党大会では，強大な党建設を柱とする大会決議が採択され，「党勢拡大」が提起されることになった。

> （注）「第3の躍進」
> 　志位委員長は，25年9月の8中総で，25年の参院選の結果は，1960年代の終わりから70年代にかけての第1の躍進，1990年代後半の第2の躍進に続く第3の躍進の始まりともいうべき歴史的意義を持つものになったと説明した。

⑴ 党員拡大目標〜党現勢の公表と50万の党員拡大（有権者比0.5%）の提起

共産党は，第26回党大会において，党員数を30万5,000人，機関紙読者数を124万1,000人とそれぞれ発表した。志位委員長は，党勢拡大について前回大会からの4年間で3万7,000人を超える入党者があったことを報告したが，「実態のない党員」の整理に取り組んだ結果，26年1月1日時点での現勢が30万5,000人であるとした。この点につき，志位委員長は，「実態のない党員の問題を解決したことは，全党員が参加する党を作ろうという新たな意欲を呼び起こしている」と評価する一方，「実態のない党員を生み出した原因は，全ての党員が参加し成長する党づくりに弱点があることを示すものと言わなければならない」と総括した上で，「二度と実態のない党員を作らない決意で革命政党らしい支部づくり，温かい党づくりへの努力を強める」と訴え

平成26年の日本共産党の動向を振り返って　**105**

た。また,党大会では2010年代の党建設の大目標として「50万の党員,50万の『しんぶん赤旗』日刊紙読者,200万の『しんぶん赤旗』日曜版読者,全体として現在の党勢の倍加に挑戦すること」が提起され,党勢拡大の具体的な目標数値は50万人とされた。

(2) 機関紙拡大目標～50万の「しんぶん赤旗」日刊紙読者,200万の「しんぶん赤旗」日曜版読者拡大を提起

　第26回党大会では,機関紙拡大目標について,前述のとおり,「50万の『しんぶん赤旗』日刊紙読者(有権者比0.5％),200万の『しんぶん赤旗』日曜版読者(同2.0％)の拡大」が提起された。

　機関紙読者数は,昭和55年2月の第15回党大会時の355万人をピークに,毎年減少を続け,平成22年1月の第25回党大会の時点で145万4,000人まで減少した。共産党は,今回の党大会において,「しんぶん赤旗」読者数を日刊紙,日曜版合わせて124万1,000人と公表しており,第25回党大会時に比べ,更に減少していることが明らかになった。この減少傾向は,党員自体の減少

【「しんぶん赤旗」で公表された平成26年中における毎月ごとの入党者数】

	1月	2月	3月	4月	5月	6月	7月	8月	9月	10月
党員数	1,643	561	503	590	681	1,529	3,000近い	531	525	584

【近年の党員数の推移】

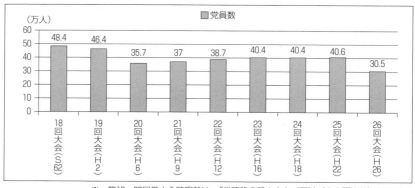

※　第18,20回党大会時現勢は,『党建設の基本方向(下)』(宮本顕治著)から引用。
　　その他は党大会等での発表数。

に伴うものとみられるが，加えて，23年9月に，「日刊紙の赤字は今年に入って月2億円になった」，「日刊紙が大きな経営困難を抱え発行することが危うくなっている」などとして，日刊紙を500円値上げしたこと，更に26年4月から消費税の引き上げに伴う値上げをしたことも減少傾向の要因の一つとみられる。

> ※ 『しんぶん赤旗』の購読料値上げ
> 　23年9月，日刊紙，月額2,900円→3,400円，1部売り100円→120円
> 　26年5月，日刊紙3,400円→3,497円，1部売り120円→130円，日曜版800円→823円，一部売り200円→210円

　なお，「しんぶん赤旗」の収入は，共産党の全体収入の8割以上を占めており，共産党の財政を左右する大きな財源となっている。その減少傾向は党にとって死活問題であるといえよう。また，機関紙の読者拡大は党勢拡大にもつながるものであることから，共産党としては是が非でも拡大を図りたいところであろう。しかし，購読料という金銭的な負担を伴う機関紙読者の拡大は，党員拡大以上に難しい問題ではないだろうか。

----〈「しんぶん赤旗」は日本共産党の中央機関紙〉----

○　日本共産党中央機関紙の歴史

　共産党中央機関紙は，党創立の6年後である昭和3年2月1日に，「赤旗」（せっき）として創刊された。以後，「アカハタ＝AKAHATA」（昭和21年），「アカハタ」（同22年），「赤旗」（同41年），「しんぶん赤旗」（平成9年）と題字を変更している。9年の題字を変更した際には，紙面から日本共産党中央機関紙という記載がなくなった。この間，日刊紙化，テレビ・ラジオ欄の掲載，「です・ます」調の導入，紙面のカラー化等，国民に浸透しやすくした措置が採られてきた。また，26年2月の「赤旗」創刊86周年時には，"わが「赤旗」は，諸君自身の機関紙である"―86年前の「赤旗」創刊の辞は国民にこう呼び掛けている"，"国民の声を汲み取り怒りを共有するのは「赤旗」の伝統であり根本精神である"，"日本共産党の中央機関紙であり，「国民共同の新聞」"などと述べている（26年2月1日付け「しんぶん赤旗」）。

○　共産党中央機関紙の位置付け〜党と人民の日々のゆく手を示す羅針盤

　昭和37年の第8回党大会4中総における幹部会報告で，宮本顕治書記長（当時）は，機関紙について，"党の中央機関紙は，宣伝，扇動，組織者であり，政治的経済的思想的諸闘争や統一戦線のための活動を含めた全大衆活動のためにも，また強大な党

を建設するためにも，機関紙は常に党と人民の日々のゆく手を示す羅針盤であり，また党中央と全党員の活動をむすぶ血管である。また党と大衆を日常不断にむすびつけているきずなである。したがって機関紙活動は，たんに四つの旗の一つである党建設の中の課題であるだけでなく，四つの旗を実現する活動全体を結び付ける党の生きた動脈であるという特別の任務と性格を持っている"と位置付け，その役割を重視した。

(注) 「四つの旗」

① 反帝，反独占の民主主義革命の旗をたかくかかげて，真の独立と民主主義，平和，中立，人民の生活向上をめざすたたかい

② 民族民主統一戦線の旗をたかくかかげて，安保共闘をはじめ人民各層と民主勢力の統一行動，統一戦線を発展させるたたかい

③ 政治的思想的組織的に強固な強大な日本共産党建設の旗をたかくかかげ，数十万の党をめざして党を拡大し，また党員を教育する活動

④ アメリカ帝国主義を先頭とする帝国主義に反対する民族解放と平和の国際統一戦線の旗をたかくかかげ，反帝国主義勢力の国際的団結と国際共産主義運動の団結をつよめる努力

2 「党創立92周年・いっせい地方選挙勝利をめざす躍進月間」を提起

第26回党大会において，50万人の党員拡大を目指す「党勢の倍加」が提起されて以降，共産党は機関紙等でたびたび党勢拡大を呼び掛けていたが，目立った成果が上がらず，むしろ減少傾向に歯止めが掛からない状態が続いていた。こうした中，共産党は，平成26年5月15日に開催された「幹部会」において，党勢拡大のため5月15日から7月31日までを期限とする「党創立92周年・いっせい地方選挙勝利をめざす躍進月間」（以下「躍進月間」という。）に取り組むことを提起した。この方針は同日午後に開催された「全国都道府県委員長会議」で直ちに伝達され，共産党は全党を挙げて党勢拡大に取り組むことになった。

幹部会の中で志位委員長は，「躍進月間」の提起の理由について，党員拡大の観点から，「第26回党大会以降の3か月で1,848人の新入党員を迎えたが，離党・死亡などでの減少を上回ることができず，党大会現勢比で99.6％となっている」と述べたほか，「しんぶん赤旗」読者拡大の観点から，「先進的党

員や党組織の奮闘があったが，全党的には大会後の３か月間，連続後退となり，日刊紙，日曜版とも党大会比で97.2％に後退した」と述べた。

「躍進月間」の終了後，共産党は，「期間中，5,100人を超える人が入党し，『しんぶん赤旗』の読者については，日刊紙，日曜版合わせて１万2,419人の増加となった」とその成果を公表した。また，山下書記局長は「躍進月間」について，８月４日の記者会見で「若い人の入党が広がったことが一つの特徴だ。安倍政権の暴走に国民的批判が高まる中で，特に青年・学生で大きな変化が起こっている」と評価するとともに若年層の入党をアピールした。

また，８月14日付け「京都新聞」も，「共産，入党者が急増」との見出しで"「躍進月間」の２か月半で5,100人が入党"，"党によると，入党者のうち39歳以下が３割を占めるなど若者が多く，集団的自衛権だけでなく，ブラック企業や原発，消費税など，党の主張が幅広い世代に支持されているとみている"などと若年層の入党を報じた。

とはいえ，第26回大会を報じたある新聞記事によれば，現在の党は，その半分を65歳以上の党員が占めるという。共産党は現在，党勢拡大とともに「党の世代的継承」，すなわち世代交代にも心を砕いている模様であるが，今回の若年層の入党をもってしても"党の高齢化"に変化は生じないものとみられる。

3 「第41回赤旗まつり」を開催

「躍進月間」で一定の"拡大"がみられた共産党は，その後，平成26年11月に開催される「第41回赤旗まつり」に向けて「赤旗まつり成功とむすび，党員と読者の拡大目標を必ず達成しよう」，「あらゆる活動を党勢拡大の前進・飛躍に結集させよう」などと機関紙等で呼び掛け更なる党勢拡大を図った。

「赤旗まつり」は，フランス共産党の「ユマニテ祭」や旧イタリア共産党の「ウニタ祭」に倣い，機関紙名を付けた日本共産党の祭典で，昭和34年11月，機関紙「アカハタ」の戦後再刊3000号を記念し，東京・浜離宮庭園で「アカハタ祭り」として初開催（昭和41年から「赤旗まつり」として開催）

して以来，55年間で41回の開催を数えるものである。26年は11月1日（土）から3日（月）までの日程で，東京・江東区「夢の島公園」で，実に4年ぶりとなる「第41回赤旗まつり」が開催された。

「第41回赤旗まつり」では，不破前議長の「科学の目」講座や志位委員長の記念講演，有名演歌歌手による野外コンサートのほか，全国物産模擬店，子供向け人形劇等多種多様な催し物が執り行われ，3日間で約15万人が参加した模様である。

また，まつり後の11月6日には，「赤旗まつりの感動と確信を力に選挙勝利へ党勢拡大でも前進に転じよう」と題する日本共産党中央委員会書記局名の記事を機関紙に発表し，その中で"今回のまつりは党躍進の流れの中で開かれ，参加者が一様に明るく，生きいきとしていた，多面的な党の姿が実感されるものとなり，赤旗まつり期間に98人が入党した"とまつりの成功と新規入党者の成果を強調した。

しかし，その一方で，"躍進月間後に後退を続けている党勢拡大の現状は，選挙躍進の可能性を現実のものにする自力づくりという点で最大の障害になりかねない。この11月にこそ，特別な奮闘で前進・躍進に転じよう"として，今後の選挙（衆議院議員総選挙（以下「衆院選」という。），統一地方選）に向けた党勢拡大の必要性を引き続き訴えた。

4　衆院選に向けた取組

平成26年11月21日，衆議院が解散され，12月2日公示，14日投開票で第47回衆院選が行われることとなった。選挙は正に党勢拡大の成果が問われるものであることから，衆院選に向けた共産党の動向ついて掲載したい。

なお，本稿は，選挙前のものであることを付言する。

⑴　「比例代表選挙で650万票，得票率10％以上の獲得」等の選挙方針を設定

共産党は，第26回党大会で，次期衆院選について，「『比例を軸に』を貫き，『全国は一つ』の立場で奮闘し，比例代表選挙で『650万票，得票率10％以上』を目標に闘う」とする今後の選挙方針を示した。また，全ての比例ブロックで議席獲得・議席増，小選挙区での議席獲得を目標とした。

110

⑵　緊急の全国都道府県委員長会議を開催

○　全小選挙区での候補者擁立を指示

　　共産党は，早期の衆議院解散・総選挙の可能性が極めて濃厚になったとして，26年11月12日，緊急の全国都道府県委員長会議を開催した。報告に立った志位委員長は，総選挙に向けた臨戦態勢の確立と，19日までに全ての小選挙区予定候補者の擁立を指示した。

○　供託金負担割合を中央負担金180万円から200万円に変更

　　志位委員長は，小選挙区で，1候補者当たり300万円の供託金について，中央が180万円，県・地区が120万円の負担であったところ，中央負担分を180万円から200万円に引き上げ，県・地区を100万円に軽減することを発表した。これは，候補者擁立の推進のための措置とみられるが，供託金の党中央分の負担割合の増加は，党中央の財政に厳しい影響を与えるものとみられる。その証左として，共産党は，26年11月15日付け「しんぶん赤旗」に「総選挙での躍進を目指し一大募金運動（供託金募金・選挙闘争募金）を進めています。絶大な協力をお願いします」と題する訴えを掲載し，“党として供託金，選挙費用として一定の備えをしてきたが，一大募金をお願いしなければならないのが実情”として募金を訴えている。選挙後には，一定の供託金没収の発生が予想される。党中央はもちろん，下部組織にも経済的負担が重くのしかかることになるものとみられるが，こうした財政の悪化，資金不足が，来春（27年）の統一地方選挙の選挙闘争にどのような影響を与えるのか，実に興味深いところである。

⑶　次期衆院選の予定候補者擁立状況

　　共産党は，「赤旗まつり」2日目の11月2日，次期衆院選比例代表の予定候補（第1次）19人を発表するとともに，佐々木憲昭衆議院議員（東海ブロック）が今期限りで引退することを報告した。また，11月19日には，比例予定候補（第2次）20人を発表した。更に11月24日には，比例予定候補（第3次）2人，11月26日に（第4次）1人を発表し，比例代表予定候補者は42人となった。

　　また，小選挙区予定候補は，11月24日までに292選挙区の予定候補が発表された。

なお，共産党は，全小選挙区での候補者の擁立を指示していたところであるが，沖縄県（全4選挙区）については，「沖縄県知事選を共に戦った共同の枠組みを大切にして対応する」として，沖縄1区に赤嶺政賢前衆議院議員のみを擁立し，沖縄2，3，4区での候補者擁立を見送った。

おわりに

　平成26年11月21日，衆議院が解散された。安倍晋三首相は，同日の記者会見で，自らの経済政策（アベノミクス）への評価と消費税の1年半の先送りが争点だと強調した。これに対し，共産党は，今回の解散を，「安倍暴走政治が国民の世論と運動によって追い詰められた解散」，「国民の審判によって安倍暴走政治にストップをかけることができる選挙」，「共産党にとって，昨年（25年）の都議選，参院選以来の躍進の流れをさらに本格的な流れにしていくチャンスの選挙」であると位置付けた。また，志位委員長は11月25日の2中総で「今度の選挙は自民党と共産党の対決がより鮮明になってくる」と訴え「自共対決」を強調しているところである。最近の共産党は，25年の参院選での躍進や名護市辺野古への新基地建設反対での共闘の枠組みの中で党が支援した翁長雄志氏の沖縄知事選当選により，盛り上がりを見せている。

　こうした中，共産党が「開始された第3の躍進を本格的な流れにしていくため」，強く大きな党をつくることに，全党を挙げて，取り組んだ「党勢拡大」の成果を衆院選でどのように結実させるか注目していきたい。

　選挙結果については，本稿でお知らせすることができないが，共産党が，「第3の躍進」を本格的な流れにすることができたのか，選挙結果をどのように総括するのか，また，27年春に行われる統一地方選に向け，新たな方針が示されるかが注目されるところである。

　これまで，党建設と選挙について述べてきたが，共産党にとって，選挙で政権を取ることは最終目的ではない。共産党の究極の目標は，綱領の実現，いわゆる共産主義社会の実現である。共産党にとっては，選挙闘争は共産主義革命に向けた一手段でしかないと言っても過言ではない。

　読者の皆さんには日本共産党の動向に今後も注目しながら同党の本質を見

極めてもらいたい。

（平成26年11月27日記）

日本共産党の
過去10年間を振り返る
～ソフトイメージのアピールに努める日本共産党～

は じ め に

　日本共産党の志位和夫委員長は，平成25年７月の第23回参議院議員通常選挙（以下「参院選」という。）での15年ぶりの議席増を捉え，"第３の躍進の始まりとも言うべき歴史的意義を持つもの"と評価するとともに，"この10年間，明日への希望と展望を持って頑張り抜くことができた根底には，新しい綱領の力があった"として，16年１月の第23回党大会における日本共産党綱領（以下，「綱領」という。）改定の成果を強調した（25年８月「日本共産党創立91周年記念講演会」）。

　綱領改定と言えば，その狙いがソフトイメージのアピールにあることは，これまでにも「治安フォーラム」で累次取り上げてきたが，果たして，その成果はどうであったか。そこで本稿では，共産党によるソフトイメージのアピールの例を挙げるとともに，成果の検証として国政選挙及び党勢拡大の結果に触れつつ，共産党の過去10年間を振り返ってみたい（文中敬称略）。

1　過去10年間の主な動向

○　綱領の全面的改定～国民向けにソフトイメージをアピール～

現綱領は，昭和36年の第8回党大会で採択され，これまで5回の改定が行われたが，平成16年の第23回党大会では，全面的に改定された。

不破哲三前議長は，15年6月の第7回中央委員会総会（以下，「○中総」という。）で，綱領改定の趣旨について，"多くの人々により分かりやすい綱領となるように，表現を改める"，"綱領の基本路線は，42年間の政治的実践によって試され済みと考えているが，この間の日本共産党の政治的，理論的な発展を十分に反映する"との2点に主眼を置いたと説明した。

共産党は，過去4回の改定でも，革命を想起させるような用語や表現について，変更を繰り返してきたが，第23回党大会での改定では，マルクス・レーニン主義特有の用語や，革命のプロセスに関し国民が警戒心を抱きそうな表現についてはことごとく削除，変更するなど，ソフトイメージを強調した。

しかし，マスコミ各紙が「共産主義社会を目指すなど基本的な部分に変化はない」（16年1月18日付け「読売新聞」），「資本主義体制の転覆を狙う革命政党の本質は何一つ変わっていない」（16年1月18日付け「産経新聞」）などと報じたように，日本をアメリカの「事実上の従属国」とする現状規定を始め，民主主義革命から社会主義革命へと進む二段階革命論，幅広い勢力の結集を目指す統一戦線戦術といった基本路線に変更はなく，共産主義社会の実現という最終目標も堅持している（別冊治安フォーラム「欺瞞に満ちた日本共産党」47頁以下参照）。

○　不破前議長が天皇，皇后両陛下と同席～天皇制への軟化姿勢をアピール～

共産党は，16年の綱領改定で君主制の廃止という表現を削除し，天皇制については，天皇制は憲法上の制度であり，その存廃は，将来，情勢が熟したときに，国民の総意によって解決されるべきものとした。

この天皇制に関する記述の変更は，共産党が天皇制を容認したとの印象を与えそうであるが，16年2月4日付け「しんぶん赤旗」では，"天皇制を「容認」したとする報道が一部にみられるが，それは事実に反する"，"天皇制については，民主主義及び人間の平等の原則と両立するものではない"などとその容認を否定した。

一方で，16年11月には，不破前議長がデンマーク女王主催の晩餐会に出席

日本共産党の過去10年間を振り返る　115

し，党のトップとして初めて天皇，皇后両陛下と同席した。これにつき，志位委員長は，"公式に招待状が来たので受けた。自然な話だ"，"（綱領）改定問題とは別。これまで「天皇と同席しない」という方針を立てた経緯はない"（16年11月18日付け「毎日新聞」）と述べ，綱領改定との関連を否定した。しかし，晩餐会出席の翌月には，党本部職員の勤務規定を改定し，それまで天皇制との関わりが深いとして「休日」にしていなかった建国記念の日，みどりの日，天皇誕生日の3祝日を「休日」とするなど，共産党は綱領改定後，天皇制への軟化姿勢をアピールした。

○　不破議長の退任～議長ポストのイメージチェンジ～

　共産党は，18年の第24回党大会で不破議長（当時）の退任を発表した。

　歴代の議長在任期間は，野坂参三が，昭和33年から57年までの24年間在任し，90歳で退任した。また，宮本顕治が，昭和57年から平成9年までの15年間在任し，88歳で退任したが，両名とも退任後は「名誉議長」となっている。

　一方，不破前議長は，12年の第22回党大会で議長に選出されたが，在任期間は5年余りと歴代議長と比べて相当短く，退任時の年齢も75歳とかなり若い。かつて議長ポストは，野坂，宮本の在任期間，退任時の年齢から分かるように，終身ポストの印象が強かったが，マスコミ各紙が，"世代交代を印象付け，支持拡大を目指す"（18年1月15日付け「日経新聞」），"「若返り」を党内外に印象付けるのが大きな狙い"（18年1月15日付け「読売新聞」）などと報じたように，不破前議長は，個人独裁と見られやすい党最高幹部人事の慣例を払拭し，世代交代をアピールすることで共産党のイメージアップを図ったものとみられる。

　もっとも，退任理由に高齢等を挙げて，"若い世代の幹部の能力を全面的に発展させることを妨げる要因になりかねない"（18年1月15日付け「毎日新聞」）と自ら述べた不破前議長であったが，退任後も常任幹部会委員にはとどまり，党内における影響力は残した形となった。

○　志位委員長が初訪米～米国と対話ができる党の姿をアピール～

　志位委員長は，21年4月，オバマ米国大統領がチェコ・プラハで行った"核兵器のない世界を目指す"とした演説を受けて，"歴史的な意義を持つも

のであり，私は心から歓迎する"との書簡を大統領に送り，5月には米国政府から返書が届いた。志位委員長は，一連の書簡のやりとりについて，"アメリカについては，綱領では帝国主義と規定をしているが，やること全てを否定すべきものだと，あらかじめ先入観を持って見ることはしないということを，綱領改定の際に明確にした"などと述べ，米国大統領の核廃絶に向けた姿勢の評価も綱領路線内であることを強調した。

この頃から「訪米に意欲を示していた」（21年7月3日付け「読売新聞」）志位委員長は，7月には，在日米国大使館が都内で開催した米国独立記念レセプションに，共産党の党首として初めて招待され，出席するとともに，翌22年4月30日から5月8日までの9日間，国連核兵器不拡散条約（NPT）再検討会議等に出席するため，共産党の党首として初めて訪米した。

訪米中，志位委員長は，ニューヨークで同会議の関係者や各国政府関係者と会談し，核兵器廃絶のための国際交渉の開始を要請したほか，ワシントンでは米国務省日本部長と会談し，"核兵器のない世界を目指す点では大局的には協力が可能と考えている"，"普天間基地問題の解決は無条件撤去しかない"などと，核兵器問題と日米関係についての共産党の立場を主張した。帰国後，志位委員長は，"立場に大きな相違点があっても，意見交換を今後も続けようという点で一致したことは重要。今後も大いに発展させたい"と述べ，訪米の成果を強調した。

こうした対米姿勢の軟化や党首の歴史的訪米を通じて，米国と対話ができる党の姿を国民にアピールした共産党ではあったが，訪米から2か月後の参院選（22年7月）では，得票数を前回選から大幅に減少させ，改選4議席から3議席と後退した。

2　国政選挙の結果

このように，訪米という成果が必ずしも選挙結果に結び付かなかったともいえるが，ここでは，過去10年間における国政選挙の結果を振り返ってみたい。

○　衆院選の獲得議席，得票数（率）の推移

日本共産党の過去10年間を振り返る　117

共産党は，平成17年及び21年衆議院議員総選挙（以下「衆院選」という。）
では，解散時９議席をそれぞれ維持したものの，24年衆院選では解散時９議
席から１議席減の８議席に後退した。

　かつて全小選挙区での候補者擁立を図ってきた共産党は，17年衆院選で，
"全選挙区での候補者擁立を目指すが，全ての県に一律には義務付けない"
として従来の擁立方針を変更し，275人を擁立した。さらに，21年衆院選で
は，「参院選比例得票を８％以上獲得したところで，日常的・系統的に活動
できる力量ある候補者を擁立できる選挙区」と「各都道府県で１選挙区以
上」での候補者擁立をおよその目安にする方針とした。この結果，21年衆院
選の候補者は152人にとどまり，得票数は約297万票（前回選比約196万票減）
と大幅に減少した。

　これら小選挙区における候補者擁立方針の変更は，比例代表に重点を置い
たためであったが，候補者を擁立しなかった小選挙区では，結果として，比
例代表の得票数が思うように伸びず，24年衆院選では，再び「すべての小選
挙区で候補者擁立をめざす」として，299人を擁立した。その結果，小選挙

共産党の衆院選における得票数・得票率

118

区選挙の得票数は約470万票と大きく増加したが，比例代表の得票数は，約368万票（前回比約126万票減）となった。

○ **参院選の獲得議席，得票数（率）の推移**

　一方，参院選については，共産党が，"綱領の内容を国民的規模で語る最初の大きな舞台"（16年１月第23回党大会決議）と位置付けた16年参院選では，改選15議席（選挙区７，比例代表８）から獲得議席４議席と大きく後退した。以降，19年参院選では改選５議席から３議席，22年参院選では改選４議席から３議席とそれぞれ獲得議席を減らし，退潮傾向に歯止めが掛からなかった。

　特に，22年参院選では，比例代表で約356万票（得票率6.10％）と，13年参院選から維持してきた430〜440万票台の比例代表における得票数を大きく割り込んだ。また，比例代表の得票率6.10％という数字も共産党にとっては極めて深刻なものであり，現行制度が導入された昭和58年の参院選以来，最低の得票率となった。

○ **25年参院選で議席増加〜得票と党勢との間には大きなギャップ〜**

共産党の参院選における得票数・得票率

得票数（万）　　　　　　　　　　　　　　　　得票率

	第20回(H16)	第21回(H19)	第22回(H22)	第23回(H25)
選挙区得票数	552	516	425	564
比例代表得票数	436	440	356	515
選挙区得票率	9.84	8.7	7.29	10.6
比例代表得票率	7.8	7.48	6.1	9.7

日本共産党の過去10年間を振り返る　119

16年から24年までの国政選挙の焦点は，郵政民営化関連法案の賛否（17年衆院選），民主党への政権交代（21年衆院選），自民党の政権奪還（24年衆院選）など，自民党と民主党の二大政党を中心とするものであり，この中で共産党は，両党の狭間に埋没するだけでなく，日本維新の会やみんなの党など「第三極」と呼ばれる勢力に，政権批判票の受け皿という座さえ奪われる形となった。

　しかし，冒頭にも述べたとおり，共産党は25年参院選で改選3議席から8議席となった。これは，選挙前から自民党の圧勝が伝えられ，民主党を始めとする各野党が低迷する中で，共産党が「自共対決」を強調した結果，政権批判票の受け皿となったということであろう。志位委員長も，参院選後の8月に開催された「日本共産党創立91周年記念講演会」で，"選挙で得た得票と党勢との間には大きなギャップがある"として，党の自力不足を認めている。

○　ＳＮＳ，インターネットの活用

　25年参院選からインターネットによる選挙運動が解禁となり，各政党や候補者は，フェイスブックやツイッターなどＳＮＳを活用した選挙運動に取り組んだ。共産党は，全党にＳＮＳの活用を呼び掛け，25年5月には，志位委員長自らがツイッターを開始したほか，6月には党ホームページ内に「カクサン部」と称する参院選特設サイトを開設した。

　特に，8人のゆるキャラがそれぞれの担当する政策課題を説明する「カクサン部」は関心を集めたとされる。マスコミにも，"共産党のネット戦略を象徴するのが「カクサン部」だ"（25年7月23日付け「朝日新聞」），"ユニークな戦略で共産党が風を起こす"（25年7月26日付け「日経新聞」）などと取り上げられたところであり，"ゆるキャラ"を使った共産党のネット戦術は，マスコミの注目を集め，ソフトイメージのアピールに一定の成果をもたらしたといえるであろう。

3　党勢拡大の推移

　次に，党の基盤をなす党員，機関紙部数の推移を見てみよう。まずはグラ

フを見ていただきたい。

　平成16年の党員数は40万3,793人であり，18年は40万4,299人，22年は40万6,000人と微増ながらも増加傾向であったが，24年は31万8,000人，26年は30万5,000人と近年は減少傾向にある。機関紙部数は，16年の173万部から減少傾向に歯止めが掛からず，26年には124万1,000部と過去最高の355万部（昭和55年）の半分にも満たない。

○　「蟹工船」ブームで新入党員急増？

　19年，米国のサブプライムローン問題に端を発した金融不安は，世界経済にも影響を及ぼし，国内においても，景気低迷による所得の格差拡大や労働者の雇用形態をめぐる問題が取り沙汰された。

　こうした中，20年2月，志位委員長が国会質問で派遣労働問題を追及したことがネット上で話題を呼び，小林多喜二の著作「蟹工船」もブームとなった。蟹工船ブームが党勢拡大に影響したか否かについては判然としないが，共産党は，19年5月から約1年間で1万人の入党者を迎えたと発表し（20年8月2日付け「しんぶん赤旗」），マスコミにも"共産党，「蟹工船」追い風に党員増"（20年7月13日付け「日経新聞」），"蟹工船ブームで共産党人気？"

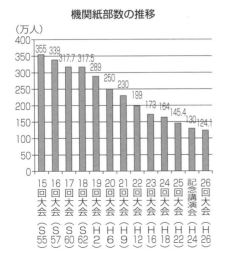

機関紙部数の推移

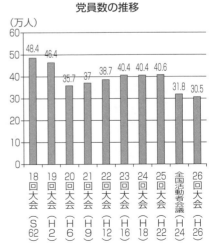

党員数の推移

日本共産党の過去10年間を振り返る　　121

（20年8月4日付け「産経新聞」）などと取り上げられた。

○ 「実態のない党員」の整理

　志位委員長は，22年9月の2中総で，党費納入率が低調であることや7月に行われた参院選の選挙活動に参加した党員が全体の5割から6割であったことなどを挙げ，「実態のない党員」の整理を指示し，その結果，22年から24年にかけて党員数は約9万人も減少した。[注1]

　不破前議長が2年3月の8中総で，"党全体を弱体化させる腐食源"と述べたように，共産党にとって「実態のない党員」の存在は，党活動の停滞要因であり，「実態のない党員」を整理することで党活動の活性化を図ったとみられる。

> （注1）　「実態のない党員」とは，党規約10条で定める「1年以上党活動に加わらず，かつ1年以上党費を納めていない党員」のことである。共産党は，2年11月の第19回党大会2中総で「実態のない党員」の整理を決定した。6年の第20回党大会では，「実態のない党員」を整理した結果，党員数を約10万人減少させ，党員数が約36万人となったことが報告された。

○ 「党勢拡大大運動」

　共産党は，17年4月の3中総で，第24回党大会に向け，18年1月までを期限とする党勢拡大大運動に取り組むことを決定し，その結果，党員を9,655人拡大した。その後も，党創立90周年に向けた大運動（23年7月の3中総で提起）で新入党員を約1万8,000人拡大，第26回党大会に向けた大運動（25年9月の8中総で提起）では入党決意者6,345人を獲得し，機関紙読者を1万3,038人拡大した。

　このように，党勢拡大大運動に取り組むごとに新入党員を迎えているわけであるが，志位委員長は，22年9月の2中総で，"党費納入は全党的に62%"，"1か月に1度も支部会議を開催していない支部が2割"などと述べるとともに，入党の働き掛けに際しては，党規約に則り，入党の資格要件を厳格に[注2]踏まえるよう指示している。大運動期間中でなく，また，党員数が微増ながらも増加傾向にある時に，敢えてこのような指示を打ち出した背景には，党勢拡大が常に"数追い"に陥りかねないとの強い危機感があったのではないかとも思われる。大運動での党勢拡大の"実態"がどうであるか，想像に難

くない。

　共産党は，26年の26回党大会では党勢拡大の倍加に挑戦するとして，"2010年代に50万人の党員，50万の日刊紙読者，200万の日曜版読者"という目標を掲げた。今後，この壮大な目標の達成に向け，節目ごとに提起されるであろう「党勢拡大大運動」に全党を挙げて取り組むことになると思われる。

> **（注２）**　入党基準は「18歳以上の日本国民で，党の綱領と規約を認める人」（規約第４条）としている。入党にあたっては，地域や職場，学園などの党支部に所属し，「四つの大切」（①「しんぶん赤旗」を読む，②支部会議に出席する，③学習に努める，④党費を納める）を納得した人に入党してもらっている（22年１月23日付け「しんぶん赤旗」）。

4　党勢拡大が進まない要因

○　世代交代の停滞

　共産党は平成22年９月の２中総で，"９年時点での世代的構成は65歳未満が約８割，65歳以上が約２割"であったのが，"65歳未満は約６割，65歳以上は約４割"と報告した。さらに，26年１月19日付け「朝日新聞」では，"今年１月現在，65歳以上の割合が５割になった"とも報じられている。共産党にとって，党活動の低下を招く党員の高齢化は深刻な問題であり，党内の世代交代が急務となっている。

　こうした中，26年１月の第26回党大会では，25年参院選で当選を果たした吉良佳子，辰巳孝太郎両参議院議員や20歳代の若手が准中央委員に抜擢され，志位委員長も，将来性のある若い幹部，新しい幹部を抜擢したと党幹部の若返りを強調したが，不破前議長を始めとする常任幹部会委員の顔ぶれはほぼ変わらなかった。共産党は，党内の世代交代を促進し，若年世代の拡大を企図していると思われるが，着実に若手幹部が養成されているとはいえず，世代交代の停滞が党勢拡大にも影響を及ぼしているものとみられる。

○　党員の「質」の低下＝「実態のない党員」

　共産党は，18年１月の第24回党大会で，"党員を増やし，学習を援助し，

日本共産党の過去10年間を振り返る　**123**

支部活動に結集する―この全体を党建設の根幹として党員拡大に位置付ける”とした。また，“綱領的確信，世界観的確信があれば，自信を持って党活動を前進させることができる”として，党員に理論的・政治的な力を身に付けさせることを優先課題とした。しかし，22年1月の第25回党大会では，綱領の読了率が依然として低調であるとして，綱領学習を中心とした党の質的建設を強化することが決定された。

　22年9月に開催した2中総では，綱領と科学的社会主義の古典の基本点を「初心者にも分かりやすく，面白く理解してもらう」ことを目的に，「綱領・古典の連続教室」の開講が打ち出された。「連続教室」の講師は，不破前議長が「古典教室」，志位委員長が「綱領教室」をそれぞれ務め，22年12月から24年3月までに各12回の講義が行われた。党本部で行われた講義は，インターネット中継により，全国各地の「教室」に配信され，2万人を超える党員，民青同盟員が受講したという。

　このように，これまでにない手法で党員の思想建設に取り組んだ背景には，入党後，理論的・政治的な力を身に付けないまま，党活動から遠ざかり，最終的に「実態のない党員」となる者の存在があったとみられる。不破前議長は，“この種の教室としては空前の規模”と評価しているが，当時の党員数（31万8,000人，24年5月1日時点）を考えると，全党が意欲的に学習に取り組んだとは言い難い。結局は，党員の学習離れが党員の「質」の低下を招き，「実態のない党員」の増加，ひいては党勢拡大の退潮傾向につながっているといえよう。

おわりに

　マルクスの盟友エンゲルスは，「綱領というものはつねに公然と打ち立てられた旗であって，世間はこの旗によってその党を判断します」（「エンゲルスからアウグスト・ベーベルへの書簡」「マルクス＝エンゲルス8巻選集第5巻」大月書店）と述べている。綱領改定を主導したとされる不破前議長は，「綱領改定についての報告」（16年1月第2回党大会）で，このエンゲルスの言葉を引用し，“どんな方針も国民の多数者の理解と支持を得てこそ，

力を発揮する"と説明したが，いかに国民の眼を気にしながら綱領を改定したかがよく分かる言葉でもある。

　その不破前議長は，綱領改定後，「綱領・古典の連続教室」を始め，党員の学習・教育に力を入れている。26年4月からは，理論活動の後継者養成を目的とした「理論活動教室」も自らの手で開始した。このような党内の理論活動に傾注する不破前議長の姿は，国民向けにはソフトイメージをアピールしつつ，一方で，党員に対しては，革命政党としての基本路線を見誤らないように教育しているかのようにも見える。

　25年参院選で「第3の躍進」を遂げた共産党は，とりあえず，来春（27年）の統一地方選に向けて，今後も様々な形で国民にソフトイメージをアピールし，党勢拡大を図っていくものとみられる。

日本共産党
第26回大会の注目点

はじめに

　日本共産党は，平成26年１月15日（水）から18日（土）までの４日間，静岡県熱海市内の党施設である伊豆学習会館に，代議員830人，評議員95人，16か国の在日大使・外交官等22人，国内来賓等を集め，前回大会から４年ぶりに第26回党大会を開催した。

　共産党は，25年７月の第23回参議院議員通常選挙（以下「参院選」という。）で，選挙区で３議席，比例代表で５議席をそれぞれ獲得し，改選前３議席から５議席増の８議席に躍進し，非改選を合わせ11議席となった。選挙結果を総括した25年９月の第８回中央委員会総会（以下「○中総」という。）では，志位和夫委員長が，"参院選の結果は，1960年代の終わりから70年代にかけての第１の躍進，1990年代後半の第２の躍進に続く第３の躍進の始まりともいうべき歴史的意義を持つものになった"と評価し，"「二大政党づくり」の動きや「第三極」の動きが廃れて「自共対決」の構図が鮮明になるという客観的条件も躍進に有利に働いた"として，"今回の躍進は，「実力以上の結果」であるということをリアルに直視する必要がある。今後，どのような情勢の下でも，開始された第３の躍進を本格的な流れにしていくためには，党の自力の弱点を打開し，強く大きな党をつくることが絶対不可欠であ

る"などと訴えた。

　ちなみに，今回大会は，志位委員長がトップになって初めて国政選挙で躍進した後に開催されたものであり，一部メディアが，"今回の参院選はトップになって初めての勝利。勝った今が（引退）花道と，来年還暦を迎える志位に勧める人がいるようだ。ポスト志位と目されている有力候補が衆議院議員の笠井亮氏である"（「ファクタ」11月号），"党内では，ポスト志位の声も囁かれる。笠井氏は若く，東大経済学部→農学部に学んだエリートだ"（「テーミス」10月号）などと報道するなど，共産党がどのような幹部人事を打ち出すかについても注目されたが，結果的には，党の最高指導機関である常任幹部会人事には大きな変化はなく，また，去就が注目されていた不破哲三前議長にあっても，常任幹部会委員及び社会科学研究所所長に再任され，その地位は何ら変わらなかったところである。

　こうした点も踏まえつつ，本稿では，共産党の最高機関とされる党大会の注目点について，まとめてみることとしたい。

（本文中の年齢については第26回党大会開催時）

※　共産党の躍進
　　志位委員長が言及した「第1の躍進」とは，衆院選では，昭和44（1969）年に5議席から14議席に，昭和47（1972）年には38議席，昭和54（1979）年には過去最高の39議席を獲得したことを指すとされる。また，参院選では，昭和46（1971）年に3議席から6議席（非改選と合わせると10議席）に，昭和49（1974）年には4議席から13議席（非改選と合わせると20議席）を獲得しており，「第1の躍進」で衆参両議院合わせて最多時の国会議員数は，衆議院議員38人と参議院議員20人の合計58人であった。また，「第2の躍進」とは，衆院選では，平成8（1996）年に15議席から26議席に，参院選では，平成10（1998）年に6議席から15議席（非改選と合わせ23議席）を獲得したことを指すとされており，衆参両議院合わせた国会議員数は49人であった。

1　党大会開催に向けた動向

　党規約では，党大会は「2年または3年のあいだに1回ひらく」とされているが，今回の第26回党大会は前回大会から4年の間隔で開催された。これ

は，共産党が，衆議院議員総選挙（以下「衆院選」という。）が予想された
ことから，平成24年10月の5中総で，25年夏の参院選後のしかるべき時期に
開催するとして，延期の手続を取ったことによるものである。そして，参院
選後の25年9月の8中総においてようやく党大会の開催通知を行ったもの
の，大会決議案の提案は同年11月13日に行われた。本来であれば，決議案の
提案に関しては，下部党での討議等のため，大会開催までに相当の時間を確
保すべきところ，開催の僅か約2か月前という非常に慌ただしいものとなっ
た。2か月間という短期間で，支部総会→地区党会議→都道府県党会議の順
で会議（上りの会議）を開催し，大会決議案の討議や党大会に出席する代議
員の選出を行ったこととなる。

> ※　党規約第19条では，党大会について，「党大会は，中央委員会によって招集され，
> 2年または3年のあいだに1回ひらく。特別な事情のもとでは，中央委員会の決
> 定によって，党大会の招集を延期することができる。中央委員会は，党大会の招
> 集日と議題をおそくとも3カ月前に全党に知らせる。」と規定している。

2　党大会の主な注目点

(1)　党幹部の人事
○　不破前議長は常任幹部会委員に再任

　共産党は，大会最終日の1月18日，不破哲三前議長（83歳）を常任幹部会
委員に選出した。不破前議長は，平成18年1月の第24回党大会で議長職を退
任した後も常任幹部会にとどまり，外国政党との理論交流，共産主義等を学
ぶための特別党学校や古典教室の講師，党綱領に関する出版など，理論面を
中心に活動してきた。また，大会後，1月22日に開催された常任幹部会で，
社会科学研究所所長にも再任されたことから，党内地位に何ら変化はなく，
引き続き党運営に影響力が残ることとなった。

　共産党は，大会最終日の新中央役員の紹介を，インターネットによる同時
中継で公開したが，山下芳生書記局長代行（役職は発言時）が不破前議長の
名前を読み上げた瞬間，会場から大きな歓声と拍手が沸き上がった。共産党

のトップである志位委員長の時よりも大きな歓声が聞こえたように思ったのは筆者だけであろうか。いずれにせよ、不破前議長の党内における存在感は別格というべきであろう。

　ちなみに、不破前議長の常任幹部会委員再任について、筆坂秀世・元共産党政策委員長は、"不破さんの自宅は、神奈川県の丹沢の奥地にあり、運転手、コック、警備員が出入りする建物もある"、"党本部の食堂からコックが派遣されている。また、運転手は不破さんのために黒塗りのセダンを運転する"、"現在の生活を維持するために死ぬまで常任幹部会委員に居座るつもりなのでしょう"などと述べている（「週刊新潮」、26年1月30日号）。これが事実か否かはともかく、不破前議長は、議長退任時には、"知力と体力が存在している限り、党の発展のために、しかるべき場所でその力を尽くすことは、共産主義者としての義務であり責任である"と明言しており、今後も、知力、体力が続く限り、職業革命家として活動していくということであろう。

○　「志位―山下」の新体制に移行

　党三役人事は、志位委員長（59歳）、緒方靖夫副委員長（66歳）、小池晃副委員長（53歳）、浜野忠夫副委員長（81歳）、広井暢子副委員長（66歳）が再任されるとともに、市田忠義書記局長（71歳）が幹部会副委員長に就任し、その後任として山下書記局長代行（53歳）が書記局長に選出された。これにより、12年11月の第22回党大会から13年間続いた「志位―市田」体制から「志位―山下」の新体制に移行したのである。もっとも、山下書記局長については、25年2月の6中総で書記局長代行に選出され、書記局長就任への足場を固めてきたことからも、その人事は既定路線ともいえるだろう。

　いずれにせよ、今回大会では、第19回党大会（2年7月）において、志位中央委員（当時）が35歳の若さで常任幹部会委員、書記局長に就任したり、第23回党大会（16年1月）において、党中央での勤務・役員歴が一切なかった無役の小池参議院議員（当時）が常任幹部会委員に抜擢されたりしたというような、いわゆるサプライズ人事はみられなかった。

　また、今回の大会で選ばれた常任幹部会委員22人の平均年齢は63.8歳で、前回大会（准常任幹部会委員も含む）での61.2歳と比べ、2.6歳高齢化した。

日本共産党第26回大会の注目点　129

さらに、同委員22人中、国会議員でない者が14人と過半数を占めた。

このように、今回の大会では「志位―山下」の新体制に移行したものの、党中央の指導部体制に大きな変化はなく、結果として、現体制を維持するものとなった。

○　中央委員会の体制

新中央委員会は、中央委員153人（前回大会比10人減）、准中央委員45人（同10人増）の計198人（同増減０人）であり、このうち、新中央委員は20人、新准中央委員は21人であった。また、最高齢は83歳、最年少29歳であった。

中央委員の平均年齢は61.0歳（前回大会は59.1歳）、准中央委員は平均年齢44.1歳（前回大会は40.1歳）で、中央委員で1.9歳、准中央委員で４歳それぞれ上昇した。これは、一定の年齢に達していても経験等を重視して、引き続き中央委員、准中央委員に選出された者が多かったためとみられる。

志位委員長は、中央委員会の構成について、"今回の党大会でも４年前の党大会の方針を継承し将来性のある若い幹部、新しい幹部を抜擢するとともに、知恵と経験に富んだ試練済みの幹部と力を合わせて中央委員会を構成する"などと説明し、准中央委員に20歳代の若手を抜擢するなどしたが、党指導部である常任幹部会の顔ぶれはほぼ変わらず、中央委員会の平均年齢も57.2歳（前回大会は55.7歳）となっている。

ちなみに、現在の共産党若手のホープとして何かと注目度が高い吉良佳子、辰巳孝太郎両参議院議員が准中央委員に選出された。他の国会議員17人

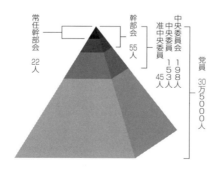

日本共産党中央委員会の構成

もいずれも再任されるなど，国会議員19人（衆議院議員 8 人，参議院議員11人）全員が中央役員となった。

(2) 党建設の現状

○ 党員数は「30万5,000人」，機関紙読者は「124万1,000人」と発表

　志位委員長は，党員数を30万5,000人（前回大会比10万1,000人減），機関紙読者数を日刊紙，日曜版合わせて124万1,000人（同21万3,000人減）とそれぞれ公表した。

　志位委員長は，入党者数について，22年1月の前回大会からの約4年間に3万7,000人を超えたことをアピールする一方，党員現勢の後退に関しては，「実態のない党員(注1)」問題の解決に取り組んだ結果であることを強調した。この点につき，志位委員長は，"「実態のない党員」を生み出した原因は，全ての党員が参加し成長する党づくりに弱点があることを示すものと言わなければならない"と総括した上で，"二度と「実態のない党員」を作らない決意で革命政党らしい支部づくり，温かい党づくりへの努力を強めること"と訴えている。

　もっとも，「実態のない党員」の問題については，これまでにも再三にわ

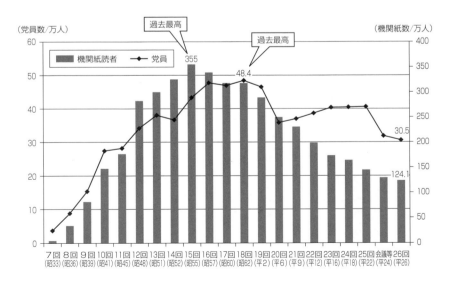

日本共産党第26回大会の注目点　131

たり議論されており，昭和62年11月の第18回党大会がピークであった党員数48万4,000人が整理により平成6年7月の第20回党大会までに約12万7,000人減少し，35万7,000人となったものの，その後，再び党勢拡大に傾注し，22年1月の第25回党大会では約40万6,000人まで回復したが，やはり整理により今回の結果となった次第である。

（注1）「実態のない党員」
　　　党規約第10条「1年以上党活動にくわわらず，かつ1年以上党費を納めない党員（以下省略）」
※　前回現勢数公表について
　　　共産党は，党員現勢について，平成24年5月の全国活動者会議で31万8,000人と公表するとともに，その理由として，22年2中総後，「実態のない党員」の整理により9万人を超える離党措置を行ったことを明らかにした。
　　　なお，前回大会時現勢は40万6,000人と公表している。また，機関紙現勢は，24年7月の党創立90周年記念講演会で130万人と公表している。

○　党員の高齢化
　志位委員長は，開会挨拶で，前回大会からの4年間に1万8,593人の党員が死亡したことを明らかにした。これは，年平均で4,600人以上が死亡していることになる。過去の党大会と比較してみると，その人数は増加傾向にあり，党員の高齢化が，党員拡大を阻む要因の一つとなっているといえよう。
　また，今回大会では，党員の年齢構成に関する報告はなされなかったが，22年9月の2中総では，"平成9年時点で65歳未満が約8割，65歳以上が約2割であったのが，2中総時点で，65歳未満が約6割，65歳以上が約4割である"ことを明らかにしている。
　共産党は，22年9月の2中総以降，年齢構成に関し，詳細な公表は見送っているが，今回大会に関する報道では，"党員の5割が65歳以上と高齢化が進む中，党幹部の「若返り」をアピールすることで若年層を取り込む狙いがある"（26年1月19日付け「産経新聞」），"97年には党員37万のうち，65歳以上は2割だった。しかし，今年1月現在，65歳以上の割合は5割になった。日本全体では4人に1人の割合と言われる中，同党は超高齢化した組織だ"（26年1月19日付け「朝日新聞」）などの記事も見られることからも，引き続

き党員の高齢化が進んでいるとみられる。

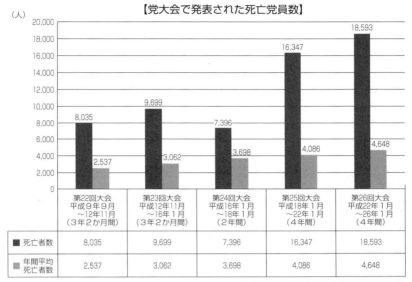

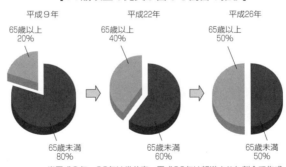

(3) 党建設～今後の展望
○ 2010年代の党建設の"2大目標"は,「党勢の倍加」と「党の世代的継承」
　共産党は,"参議院選挙で始まった第3の躍進を本格的な流れに発展させ,2010年代に「成長・発展目標(注2)」を達成し,「21世紀の早い時期に民主連合政

府を樹立する」最大の保障は，質量ともに強大な党を築くことにある"とした上で，2010年代の党建設の"2大目標"として，"50万の党員（有権者比0.5%），50万の「しんぶん赤旗」日刊紙読者（同0.5%），200万の「しんぶん赤旗」日曜版読者（同2%）—全体として現在の党勢の倍加に挑戦すること"と，"党の世代的継承を綱領実現の成否に関わる戦略的課題に据え，全党を挙げて取り組むこと"をそれぞれ提起した。

　この目標達成のためには，今後6年以内に党員約20万人，機関紙約126万部の拡大が必要となる。これまでの党勢拡大状況から勘案すると達成はほぼ不可能と思われるが，これまでどおり，全党がこの高い目標に向かって取り組むこととなる。もっとも，無理な党員拡大が「実態のない党員」を生む温床になりかねない構造については，これまでと変わりがない。

　また，共産党は，党の世代的継承を，"2010年代を民主連合政府への展望を開く時代とする上での戦略的大事業"と位置付けている。しかしながら，先述のとおり，共産党の最高指導部である常任幹部会22人の平均年齢は63.8歳であり，83歳の不破哲三前議長，81歳の浜野副委員長も依然として常任幹部会にとどまっているなど，党幹部さえ世代交代ができていない状態にある。

　（注2）「成長・発展目標」
　　　22年1月の第25回党大会で，綱領実現を目指す中期的展望に立った目標として提起されたものであり，国政選挙において，全都道府県，全自治体・行政区でも，「10%以上の得票率」を獲得できる党を目指すこととした。

○　「一点共闘」の更なる発展を呼び掛け，政党戦線の連合の展望に言及

　統一戦線については，"この数年来，原発，ＴＰＰ，消費税，憲法，米軍基地など国政の根幹に関わる問題で，一致点に基づく共同，すなわち「一点共闘」が大きな広がりをもって発展しており，広大な無党派の人々，従来保守層といわれてきた人々との共同が各分野で大きく広がっている"との現状認識を示し，"この動きを発展させ，日本を変える統一戦線を作りあげていく"とした。

　志位委員長は，統一戦線を作りあげる上で，「一点共闘」と革新懇運動の発展，労働運動の階級的民主的強化にそれぞれ力を注ぐことを訴えた。また，共産党が政治的・組織的に躍進すれば，"従来の保守の流れも含む修正

資本主義を掲げる政党との連合も大いにあり得る”との展望を示した。

　共産党は，過去，社共共闘（旧社会党と共産党の共闘）によって革新自治体を誕生させてきた。しかし，昭和55年の社公合意[注3]によって社共共闘は崩壊した。その後，平成18年１月，共産党が社民党に対し，憲法改悪反対での両党の共闘について会談を行うことを申し入れ，同年３月22日に28年ぶりとなる共産・社民のトップ会談が開催された。この会談については，“改憲阻止を訴える両党は国会で提出の動きが強まる国民投票法案に反対していくことで一致”（18年３月23日付け「朝日新聞」）などと報じられた。しかし，その後，具体的な政党間の共闘について発展することはなかった。

> ※　社共共闘により美濃部亮吉・東京都知事（S42〜54），黒田了一・大阪府知事
> 　（S46〜54）等の革新首長が誕生した。
>
> **（注３）　社公合意**
> 　　昭和55年１月10日，「日本社会党と公明党の連合政権についての合意」（いわゆる社公合意）を決定した。社公両党は，この「社公合意」の中で“80年代前半に樹立される連合政権”について，“日本共産党はこの政権協議の対象にしない”ことを明確にするとともに，当面の日米安保・自衛隊の是認等を盛り込んだ。

(4)　日本における未来社会の展望

　共産党は，我々の感覚からすれば社会主義国とも思われる中国，ベトナム，キューバを“社会主義に到達した国”ではないと指摘しつつ，日本共産党が置かれた状況との違いを強調した。

　具体的には，大会決議で，これら３か国について，“社会主義に到達した国”ではなく，“社会主義を目指す国々”と位置付け，これらの国々が抱えている「政治上・経済上の未解決問題」を挙げつつ，これらの問題は，国の革命が，経済的・社会的・政治的に発達の遅れた国から出発したことが不可分に結び付いているとした。

　一方，日本における未来社会を展望した場合には，“発達した資本主義の下でつくられた巨大な経済力の水準を引き継ぐことになる”として，中国社会で進行しているような経済の急成長，それに伴う社会的諸矛盾の拡大は起こらないなどと両者の違いを強調した。

　さらに，“発達した資本主義から社会主義・共産主義の道に踏み出した経

日本共産党第26回大会の注目点　**135**

験を，人類はまだ持っていない。この変革の事業の持つ可能性は，その出発点の諸条件を考えるならば，計り知れない豊かさと壮大さを持つものとなるだろう"などと，日本での革命の展望を示した。

一方で志位委員長は，"社会主義を目指す国々という評価について，全党討論では，一部からこれらの国々について，「社会主義を目指す国々」とも呼べないのではないかという疑問が提起された"と述べた上で，その評価については，"私たち自身の自主的判断に基づくものであり，「社会主義をめざす新しい探究」が成功をおさめることを願いつつ，その将来について，楽観的，固定的に見ているわけではない"，"内政不干渉という原則を厳格に守りながら，中国共産党に対しては，中国の政治体制の将来，反日デモ問題，チベット問題，尖閣諸島問題，防空識別圏の問題などについて，ベトナム共産党指導部との会談でも，政治体制の問題，原発輸出の問題，ＴＰＰの問題などについて，率直に我が党の見解を伝えてきた"と説明し，"このように，節度と原則を守りながら，率直に，また直接に問題点を指摘している政党は，日本で他に存在しない"などと，党中央の無謬性を強調し批判意見を一蹴している。

(5)　決議案への感想・意見・提案を公募

共産党は，25年11月17日付け「しんぶん赤旗」で，"大会決議案の討論の促進の一助として，決議案への感想・意見・提案を公募し，それを掲載した「しんぶん赤旗」の「党活動のページ」臨時号を発行する"として，12月7日を期限に，大会決議案に対する意見募集を全党に呼び掛けた。共産党に寄せられた感想・意見・提案は，同年12月28日付け「しんぶん赤旗」の「党活動のページ」臨時号に掲載された。掲載された意見は180件で，これは筆者の私見であるが，その多くは大会決議案に賛成する立場のものであったが，大会決議案の幾つかの点について疑問を呈し，補強，修正を求める意見や，大会決議案を批判するもの，党中央の方針に異を唱えるものもみられた。

志位委員長は，"全党の討論を踏まえて，意見・提案を可能な限り修正・補強提案に反映した"と説明したが，採用された意見は，大会決議案が提起された９中総以降の情勢の変化に対応した修正・補強等であり，大会決議案の基本的枠組み・方針の範囲内に収まるものだけであった。

ここで一つ，注目すべき意見がある。それは，本稿の冒頭でも取り上げた「共産党の躍進」についてである。公募された意見・提案には，"日本の戦後政治で日本共産党が躍進したのは4度目"，"今回の躍進は「第4の躍進……」と表現すべきでは？"などの意見が散見されているが，これらは，共産党が昭和24年1月の衆院選で4議席から35議席に議席を拡大したことをもって，「第1の躍進」とすべきではないかとの意見であった。

　この点については，実は不破前議長も，平成24年7月の日本共産党創立90周年記念講演（「日本共産党の90年をふりかえる」）で，"昭和24年1月の総選挙の躍進は，他の政党が軒並み占領軍への追従を競い合う中で，確固とした国民的立場を貫いてきた我が党の，戦後第1次の躍進だった"，"第2次の躍進が昭和44年，47年，第3次の躍進が平成8年，10年"などと述べているのである。もっとも，共産党は，その2年9か月後の昭和26年10月の第5回全国協議会で，「日本の解放と民主的改革を，平和の手段によって達成しうると考えるのはまちがいである」などとする「51年綱領」を採択し，日本各地で非合法活動を行った。その結果，国民の支持を失い，昭和27年10月の衆院選で35議席全てを失うことになったのである。

　この「共産党の躍進」に関する意見に対し，今回の大会では何ら説明はなかったが，修正された大会決議では，「1961年に綱領路線を確立して以来，」との一文が加えられていた。これは，志位委員長が同記念講演（「社会変革の事業と日本共産党」）で，"今日に至る党づくりの礎石，土台を築いた33年7月の第7回党大会"と表現していることからも，この時点を基準として整理したものと思われる。

3　今後の見通し

(1)　党建設と「一点共闘」による大衆闘争の推進

　共産党は，「自力の問題」を党の最大の弱点としており，「実態のない党員」の整理を行った上で，党勢の倍加という目標を掲げた。これに先立ち，平成25年9月から開始された「第26回党大会成功・党勢拡大大運動^(注4)」では，党員では約6,300人，「しんぶん赤旗」読者では日刊紙，日曜版合わせて約1

万3,000人をそれぞれ拡大している。この党勢拡大の勢いが永遠に続くことは考えにくいが，共産党は，25年夏の参院選で始まった「第3の躍進」を本格的な流れに発展させることを提唱しており，今後，全党を挙げて党員，読者拡大に取り組んでいくものとみられる。

また，党建設とともに，党活動の主軸である大衆闘争では，その時々の情勢を見極めながら，原発，ＴＰＰ，消費税，憲法，米軍基地問題などで「一点共闘」を通じた各種闘争を推進し，党への支持拡大を図っていくものとみられる。

（注4）「第26回党大会成功・党勢拡大大運動」

25年9月の8中総で提起された党員拡大を中心・根幹に据えた「大運動」で，8中総から26年1月末日までの4か月半を期間とし，①全ての支部が新しい党員を迎え，全党的には2万人を超える党員拡大に挑戦，②「しんぶん赤旗」読者拡大では，全ての都道府県，地区委員会，支部が，日刊紙，日曜版とも，第25回党大会時の水準（日刊紙，日曜版合計145万4,000人）への回復・突破を目指し，日刊紙3万5000人，日曜版18万9,000人以上という拡大目標を設定した。

⑵　後継者の育成等

将来の幹部候補となり得る准中央委員については，前回25回党大会では，24回大会で選出した准中央委員14人中13人が准幹部会委員，中央委員にそれぞれ昇格しているが，前回大会では，准中央委員の位置付けについて，"中央委員の候補期間として活動実績を評価し，次期党大会で自動的に中央委員に推薦することはせず，こだわりなく交代を図るようにする"と言及したこともあり，今回大会では，中央委員に昇格したのは35人中僅か5人にとどまり，24人が准中央委員に残留，6人が再任されなかった。今回大会では，45人（前回大会10人増）の准中央委員が選出されたが，これらの者は，今後，積極的な党活動とそれに伴う結果が厳しく求められていくものとみられる。また，思想建設に関しては，"中央として「特別党学校」を引き続き系統的に開催することを始め，若い世代の中で党の事業の後継者をつくる仕事に，更に力を注ぐ"としている。不破前議長らが講師を務める「特別党学校」を始め，各種党学校，将来の幹部を対象とした講座等を通じ，理論面を強化した職業革命家の育成を進めていくものとみられる。

（注5）「特別党学校」

　18年1月の第24回党大会で“若い機関幹部の計画的・系統的養成のため”として新設。「特別党学校は，中央と都道府県・地区機関の若手の活動家を結集して，一度で“卒業”とする「学校」ではなく，年に数回という頻度で継続的に開き，理論，実践，党派性など，党の幹部として総合的な力をつけた後継者を育てる」としている。これまで3期5回の講義と1回の交流会が開催されている。

おわりに

　今回の第26回党大会は，綱領，規約の改定もなく，よってマルクス・レーニン主義を堅持する革命政党としての日本共産党の基本的性格についても何ら変わるところはない。

　ちなみに，その綱領は，今から10年前の第23回党大会（平成16年1月）において，当時の不破議長主導の下，大幅な改定が行われた。すなわち，マルクス・レーニン主義特有の用語を始め，国民が警戒心を抱くような表現についてことごとく削除・変更するなど，ソフトイメージの強調に努めたものであるが，それでも綱領路線そのものに変更は加えられていない。

　もっとも，そのソフトイメージが功を奏していないということであろうか，今回の党大会の議題は，党勢拡大や後継者育成を柱とする強大な党建設が中心となった。

　志位委員長は，党勢拡大の上で最大の障害とされる「実態のない党員」問題の解決に取り組んだ結果，同問題は解決し，“全党員が参加する党を作ろうという新たな意欲と機運を呼び起こしている”と述べている。これを額面どおりに受け取れば，現在の党員30万5,000人の中で，強大な党建設に向け，積極的に取り組む姿勢が出てきていることになり，これからの党勢拡大の成果に必ずや反映されていくものと思われるが，果たしてその結果はどうなるであろうか。いずれにしても，共産党が，現状を「革命を準備する時期」と捉え，党勢拡大に全力を傾注し，革命情勢の創出を図っていることは間違いなく，今後もその動向が注目されるところである。

（平成26年2月24日記）

平成25年の日本共産党の
動向を振り返って
～理論面の活動に専念する不破前議長を通じて～

はじめに

　日本共産党の理論的支柱とされる不破哲三前議長が，平成25年10月11日付けと11月22日付けの機関紙「しんぶん赤旗」に，両日とも見開き2ページを使って登場した。

　その内容は，「綱領・古典の連続教室」で自ら講師を務めた「古典教室」の講義内容をまとめた書籍の出版について紹介するものであった。志位和夫委員長の5月28日付けの「綱領教室」の書籍出版の紹介では1ページにとどまっていたことから，この点一つ捉えても，不破前議長の存在感を改めて感じさせるものとなっている。

　不破前議長は，昭和45年7月の第11回党大会で40歳の若さで書記局長に抜擢され，平成18年1月の第24回党大会で議長を退任するまで，約36年間にわたって党指導者として君臨してきた。特に宮本顕治名誉議長の欺瞞戦術を推し進め，16年1月の第23回党大会では，革命を想起するような用語を改めた綱領を改定し，さらに，退任後も常任幹部会委員にとどまり，社会科学研究所所長として，マルクス・エンゲルスの古典を解説するための「古典教室」に取り組んだ。

　共産党が議席増を果たした7月の参議院議員通常選挙（以下「参院選」と

いう。）時にも姿を見せず，理論面での活動に専念する不破前議長の動向を通じて，25年の共産党を振り返ってみよう。

1　平成25年中の不破前議長

○　「特別党学校」で講師を務める

　不破前議長の表情が写真付きで「しんぶん赤旗」に掲載されたのは，平成25年３月19日付け，10月11日付け，それと11月22日付けの３回である。

　１回目の３月19日付けでは，将来の幹部候補者を養成する「特別党学校」[注1]の講師として，「党綱領の力点」と題し，33都道府県と党本部から集まった69人の参加者に講義を行っているものであった。

　共産党は，３月９日から18日までの10日間の日程で，静岡県熱海市の伊豆学習会館で第３期「特別党学校」を開講した。18年から始まった「特別党学校」では，不破前議長が１回目から講師を務めているほか，他の講師陣も，毎回党中央幹部が講義を行っている。今回も不破前議長のほか浜野忠夫副委員長や小池晃副委員長，中井作太郎選挙対策局長等が名を連ねるなど，正に将来の共産党を担う党中央幹部を発掘する場といえよう。

　ちなみに，１回目，２回目と講師を務めた志位委員長であるが，今回は講師を務めていない。党のトップである志位委員長がその重要な場にいないということに違和感を感じるものの，２月の第６回中央委員会総会（以下，「○中総」という。）や５月の７中総，６月の東京都議選，７月の参院選等の全国会議や選挙等で党務が多忙であったからであろうか。

（注１）「特別党学校」

特別党学校は，18年１月の第24回党大会で"若い機関幹部の計画的・系統的養成のため"として新設したもので，"中央と都道府県・地区機関の若手の活動家を結集して，一度で卒業とする「学校」ではなく，年に数回という頻度で継続的に開き，理論，実践，党派性等，党の幹部として総合的な力をつけた後継者を育てる"としている。これまで３期５回の講義と１回の交流会が開催されている。

○　「古典教室」の出版本を紹介

　「しんぶん赤旗」での２回目及び３回目の登場は，10月11日付けと11月22

平成25年の日本共産党の動向を振り返って　**141**

日付けであり，冒頭にも少し触れているが，共産党が22年12月から1年余りかけて取り組んだ「綱領・古典の連続教室」で，不破前議長が担当した「古典教室」の講義内容をまとめた第1巻，第2巻の書籍の出版を捉えたものであった。

　ちなみに，第1巻では，第1課「賃金，価格および利潤」及び第2課「経済学批判・序言」をまとめ，第2巻では，エンゲルス「空想から科学へ」の講義内容をまとめている。

　不破前議長は書籍紹介の中で，

　　"「連続教室」は，日本共産党綱領と科学的社会主義の理論そのものを合わせて勉強しようというのが大きな特徴である"

と説明しているとおり，同時並行して始まった講義では，志位委員長が「綱領教室」を，不破前議長が「古典教室」をそれぞれ担当した。「綱領教室」を担当した志位委員長は，

　　"「綱領教室」の講義を準備するにあたっては，不破哲三さんの綱領や古典に関する著作の全体を，参照させて頂いた"

などと，「綱領教室」第1巻のまえがきで述べており，講義は不破前議長の考え方に沿って進められたものといえるであろう。

　なお，不破前議長は，共産党の機関誌「前衛」25年2月号から「スターリン秘史——巨悪の成立と展開」の長期連載（2年前後）を開始しているが，

　　"社会主義・共産主義の事業の今後の発展のために，どうしてもやらなければならない仕事だし，我が党に課せられている重大な任務だと考えている"　　　　　　　　　　　　　　（24年12月25日付け「しんぶん赤旗」）

などと執筆する意義を述べており，こうしたことからも，理論面で党の屋台骨を支えていこうとする不破前議長の並々ならぬ意気込みがうかがわれるところである。

（注2）「綱領・古典の連続教室」

　　共産党は，22年9月の2中総で，"党綱領と科学的社会主義の古典の基本点を，分かりやすく，面白く理解してもらう"ことを目的に「綱領・古典の連続教室」の取組を提起し，受講対象を党員，民主青年同盟員とした。講義は同年12月から開始され，「綱領教室」を志位委員長，「古典教室」を不破前議長がそれぞれ講師

を務め，24年 3 月まで各12回行われた。

○　中国建国レセプションに出席

　このほか，不破前議長の写真の掲載はなかったものの，もう 1 回，重要な役割で 9 月27日付け「しんぶん赤旗」に登場している。

　それは，市田忠義書記局長と山下芳生書記局長代行と共に， 9 月26日，都内ホテルで開催された中国建国64周年レセプションに出席したというものであった。

　不破前議長と中国共産党との関係については，不破委員長（当時）が10年 7 月に党訪中代表団団長として中国を訪れ，当時断絶状態にあった中国共産党との関係正常化を図った[注3]。その後，中国共産党が理論研究を「党と国家の事業の発展にかかる戦略的任務」と位置付けて進めた外国共産党等との理論会談[注4]で，日本共産党の代表として出席している。

　この時期には，志位委員長が緒方靖夫副委員長，笠井亮常任幹部会委員等と共にベトナム・インドネシアを訪問中であったため，表向きは，いわば志位委員長の代わりに党の顔として出席したということであろうが[注5]，こうした経緯をみてみると，中国共産党との関係においては，不破前議長が依然として大きな存在感を示しているといえるのではないだろうか。

　　（注 3 ）　中国共産党との交流断絶経緯
　　　　日中両共産党は，昭和41年 2 月，宮本顕治書記長を団長とする代表団が訪中し，中国共産党と会談したが，戦争下にあったベトナム支援をめぐって，ソ連（当時）を含めた「アメリカ帝国主義に反対する国際統一戦線」を主張する日本側と，「反米反ソ統一戦線」を主張する中国側が対立し，会談が決裂して交流が断絶した。
　　（注 4 ）　理論会談
　　　　中国共産党は，平成16年に「マルクス主義理論の研究と建設のプロジェクト」を立ち上げ，「党と国家の事業の発展にかかる戦略的任務」と理論研究を位置付け，世界各国の共産党等の交流を進め，その一環として，17年12月に同党理論研究代表団が訪日し，日本共産党との第 1 回理論会談が行われ，その後，理論会談は18年，21年と 2 回行われた。
　　（注 5 ）　中国建国レセプション
　　　　平成23年のレセプションには，志位委員長，不破前議長等が出席していたが，24年のレセプションには，志位委員長，市田書記局長等が出席していたものの，不破前議長は出席していない。

平成25年の日本共産党の動向を振り返って　**143**

2　平成25年中の日本共産党

○　参院選で議席増

　ところで，平成25年における共産党の特筆すべきことと言えば，7月の参院選であろう。共産党が国政選挙で議席を増やしたのは，10年7月の参院選以来15年ぶりであり，志位委員長を始め党中央幹部の喜びぶりは，

　　　"2日の臨時国会召集日に国会内で開かれた国会議員団総会。志位委員長は紅潮した顔で挨拶した。「仲間がにぎやかに増えて総会を迎えるのは，実に平成10年の参院選以来15年ぶり。感無量だ」"（25年8月5日付け「産経新聞」）

　　　"「苦節15年，ようやく前進できた。全党の15年間の苦労と不屈の奮闘を考えると感無量だ」……参院選の翌7月22日。共産党本部で開かれた常任幹部会で，委員長の志位和夫は真っ赤な目で声を震わせながら語りかけた。隣で座る書記局長の市田忠義は嗚咽しながらあふれる涙を拭った"（25年10月27日付け「朝日新聞」）

などと各紙でも掲載されている。

　志位委員長と市田書記局長は，12年11月の第22回党大会に幹部会委員長，書記局長に選出されて以来，8回の国政選挙に臨んだが，いずれの選挙も1議席すら増やせず結果を出していなかった。25年1月の党旗びらきでは，志位委員長が，24年12月の衆議院議員総選挙（以下「衆院選」という。）での議席減について，"委員長として責任を痛感している"とまで言及しており，国政選挙での退潮傾向に歯止めを掛けることができなかったことへの焦りは相当なものであったと思われ，それだけに参院選の議席増で思わず感極まったというところであろうか。

　一方，不破前議長は，参院選で表舞台に登場する姿は確認できなかったものの，参院選後に，今次参院選での躍進の要素である無党派層の投票行動が実は緊急避難的な要素に過ぎないことを捉え，

　　　"（共産党の）軒先で雨宿りしている人に，どう家の中に入ってもらうかだ"などと周囲に話したとされる記事が掲載されている（25年8月5日付け「産

経新聞」)。これは，参院選での議席増をいかにして党勢拡大に結び付けるか
がむしろ重要であることを指摘したもので，結果として，不破前議長が，諸
手を挙げて喜ぶ志位委員長や市田書記局長に冷や水を浴びせる形になってし
まったとは言い過ぎであろうか。

　事実，この不破前議長の発言が効いたのか定かでないが，志位委員長も，
9月の8中総で，参院選の議席増について，

　　　"私たちの実力以上の結果であるということを，リアルに直視する必要
　　　がある"
　　　"今回の選挙では，「共産党はあまり好きではないけれども，期待できる
　　　党は共産党しかいないから一票入れた」といった声も少なくない。そう
　　　いう人々に，「共産党を丸ごと好きになってもらう」取組を大いに進め
　　　よう"
などと発言し，議席増の喜びに沸く党内の引き締めを図った。

　　（注6）　志位委員長，市田書記局長就任後の国政選挙結果
　　　　【衆院選】
　　　　　　第43回（H15.11.9）　20→9議席
　　　　　　第44回（H17.9.11）　9→9議席
　　　　　　第45回（H21.8.30）　9→9議席
　　　　　　第46回（H24.12.16）　9→8議席
　　　　【参院選】
　　　　　　第19回（H13.7.29）　8→5議席
　　　　　　第20回（H16.7.11）　15→4議席
　　　　　　第21回（H19.7.29）　5→3議席
　　　　　　第22回（H22.7.11）　4→3議席

○　理論面における志位委員長の役割

　先に述べたとおり，不破前議長が中国建国レセプションに出席していた
頃，志位委員長は，25年9月22日から28日までベトナム・インドネシアを訪
問している。今回のベトナム訪問は，ベトナム共産党の招待を受けて行われ
たもので，志位委員長のベトナム訪問は19年1月以来6年半ぶりであり，ま
た，インドネシアは初めての訪問となった。

　ちなみに，志位委員長は，ベトナムでは，ベトナム共産党のグエン・フ

平成25年の日本共産党の動向を振り返って　**145**

ー・チョン書記長やグエン・シン・フン国会議長と会談し，インドネシアでは，外務省のワルダナ副大臣等と会談している。

このように志位委員長は，党のトップとして，外国共産党幹部との会談や野党外交等の党務に務めているが，他方で，不破前議長は，中国共産党のほか，ベトナム共産党とも理論会談^(注7)を重ねている。

志位委員長は，前回訪問した19年１月に，ベトナム共産党と理論交流を進めることを確認したとしているが，その後，４回にわたり行われた理論会談には一度もメンバーとして入っておらず，不破前議長が代表団団長を務めている（４回目は緒方副委員長）。この点一つとっても，党の根幹である理論面において，志位委員長が蚊帳の外に置かれているように思うのは筆者だけであろうか。

　　（注7）　日越両党理論会談
　　　　　志位委員長が，19年１月にベトナムを訪問した際，理論会談を進めることを確認し，同年11月に東京・党本部で第１回理論会談を開催。日本側からは不破前議長を団長に，緒方靖夫副委員長，広井暢子学習教育局長，森原公敏国際局次長，山口富男社会科学研究所副所長等が参加（肩書きは当時）。第２回は20年９月にベトナムで，第３回は22年11月に東京で開催したが，いずれも不破前議長が団長を務めた。23年10月にベトナムで第４回理論会談を開催したが，初めて不破前議長は出席しなかった。

3　第26回党大会に向けて

○　「党勢拡大大運動」に取り組む

ここまで不破前議長を中心にこの１年を振り返ってみたが，理論面や学習・教育活動に専念する不破前議長が浮かび上がってくる一方，志位委員長も，党の顔として参院選を議席増という結果に導いており，共産党にとっては久しぶりに満足のいく１年ではなかっただろうか。

他方で，共産党は，選挙結果を党勢拡大に結び付けなければならないという重要な課題もあり，このため，25年９月の８中総で，党大会に向けて４か月半を期間とする「第26回党大会成功・党勢拡大大運動」の取組を提起した

が，11月の9中総では，

　　"「大運動」と呼べるだけの規模と速度のものとなっていないということ
　　　が，率直な現状である"

と指摘した上で，26年1月末までの「『大運動』目標総達成の特別期間」を
更に設定し，取組強化を指示した。

　「党勢拡大大運動」は，これまでにも幾度となく取り組まれているが，最
近では，24年9月までの1年5か月間で約2万人の党員を拡大したとする一
方，党員現勢では，22年1月の第25回党大会時の40万6,000人から31万8,000
人にまで減少している^(注8)。

　これは，同年5月の全国活動者会議で明らかにした，党活動に参加しなく
なった「実態のない党員」を約9万人離党措置したことによるものである
が，新入党員を党活動に定着させることが，いかに難しいものであるかがう
かがわれるところである。

　このことからも，共産党としては，まずは，今回の参院選での議席増とい
う絶好の機会に，今まで以上の成果を挙げることが求められるが，それ以上
に，新入党員の質の向上を図らなければ，結果として真の党勢拡大に結び付
けることができないということが明らかである。「党勢拡大大運動」の名の
下に数だけでなく質をも追い求めることができるかどうか，今後の共産党の
取組でも注目されるところである。

　　（注8）「実態のない党員」
　　　　党規約第10条「1年以上党活動にくわわらず，かつ1年以上党費を納めない党
　　　　員（以下省略）」
　　　　共産党は，これまで大幅な党員整理を2回行っている。1回目は，平成2年3
　　　　月の8中総で指示し，昭和62年11月の第18回党大会から平成6年7月の第20回党
　　　　大会までに約12万7,000人減少し，党員現勢は35万7,000人となった。また，2回
　　　　目は，22年9月の2中総で指示し，22年1月の第25回党大会から全国活動者会議
　　　　が行われた24年5月までに約8万8,000人減少し，31万8,000人となった。

○　不破前議長の今後の影響力

　不破前議長は，平成16年1月の第23回党大会で党綱領を改定し，自らの手
でいわゆる"不破綱領"を完成させた。この一大作業を成し遂げた後，18年

平成25年の日本共産党の動向を振り返って　147

１月の第24回党大会で議長を退任したが，その際，マスコミのインタビューで，

　　“これからは，「古くて読みにくい」と不評の科学的社会主義の古典の読み方や解説等を２年位かけて進めたい”（18年１月27日付け「産経新聞」）

と述べ，その後，

　　“党綱領等今日の党の路線を深くつかむために古典の学習がどうしても必要”，“科学的社会主義の理論の全体を，基本点だけでもつかんでもらう”（「古典教室」第１巻まえがき）

として，科学的社会主義の創立者であるマルクス，エンゲルスの古典を党員向けに解説するための「古典教室」に取り組んだ。

　共産党は，この「綱領・古典の連続教室」が24年３月に終了してからも，講義内容を収録したＤＶＤや出版本を発売し，各級機関での学習教材として活用するなど，同講座の発展強化を図っている。

　共産党は，「綱領・古典の連続教室」の学習を，引き続き第26回党大会期でも，全党を挙げて取り組むとしていることから，今後も不破前議長の影響力は変わるものではないといえるだろう。

　　（注９）　共産党は，25年11月の９中総で，「綱領・古典の連続教室」の学習を，“全党的な学習運動に発展させることを，第26回党大会期の一大事業に位置付ける”，“全党が，綱領学習とその理論的基礎である科学的社会主義の古典学習に取り組むことは，どんな複雑な政治情勢が展開しても，一人ひとりの党員が，情勢への大局的確信と未来への展望を確固としてもって活動する上で決定的に重要である”として，第26回党大会の大会決議案として提案した。

おわりに

　日本共産党は，マルクス・レーニン主義について，「もっとも科学的な革命の理論であり，労働者階級とすべてのはたらく人びとの解放闘争の武器」としており，また，「日本共産党の綱領や諸文献は，日本共産党と日本人民の革命闘争の実践をつうじて，マルクス・レーニン主義を日本革命の実際にむすびつけることによってかちとった，日本革命の指針であり，日本におけ

る生きたマルクス・レーニン主義」であるとしている（日本共産党中央委員会出版部発行「共産主義読本」序文）。

　このことからも，共産党にとっての理論すなわちマルクス・レーニン主義と，それを踏まえた綱領は絶対であり，だからこそ，党内随一の理論家でもある不破前議長の党内における影響力は，常任幹部会委員や社会科学研究所所長のポストが持つ影響力にとどまらないといえよう。

　現在の日本共産党をみてみると，「党勢拡大」一色ともいえるが，これまで本稿で述べたとおり，単なる「数追い」では，一時的には党勢を拡大できたとしても，遠からず元通りに，あるいはそれ以下に陥ることは明白であり，だからこそ，学習の重要性が党内で叫ばれるのであろう。不破前議長が，理論面での取組に専念するのも，理論家としての趣味にとどまらず，相当の危機意識の裏返しとも思われる。

　我々としても，革命政党としての共産党の力量を的確に把握するためにも，共産党の学習・理論面の取組に，これまで以上に関心を払っていく必要があることを，この機会に改めて認識しておきたいものである。

（平成25年12月3日記）

日本共産党と憲法改正

はじめに

　平成25年7月21日に執行された第23回参議院議員通常選挙（以下「参院選」という。）で自民党が大勝し，衆参のねじれが解消した。安倍晋三首相は翌22日，記者会見で憲法改正について，「政治は結果だから，まずは（改憲の発議に必要な衆参各院の）3分の2を構成できるものは何かも含めて考えたい。腰を落ち着けてじっくりと進めていきたい」として，他党が乗りやすいテーマから議論する意向を明らかにするとともに，先行実施に意欲を示していた，改憲の発議要件を緩和する憲法第96条の改正については，「まだ考え方自体も多くの方々と共有するに至っていない。努力していく必要がある」との認識を示している（25年7月23日付け「日経新聞」）。

　このような状況下，日本共産党の志位和夫委員長は，8月2日の共産党国会議員団総会で，“改憲派の企みとして，集団的自衛権の行使をできるように政府解釈の変更——解釈改憲を行い，それと一体に立法措置を行うというところから手を付けようとしている”，“こうした安倍政権の暴走に対して，真正面から対決できる党は共産党しかない”などと，憲法改正に反対する姿勢を改めて明らかにした。

　日本共産党と憲法問題については，これまでにも「治安フォーラム」で取

り上げられているところであるが（別冊治安フォーラム「欺瞞に満ちた日本共産党」19頁以下参照），本稿では，その後の共産党の動向，これまでの主張を交えながら，共産党が本当に「護憲の党」なのか，改めて検証してみたい。

（文中の下線は筆者）

1　最近の憲法改正をめぐる情勢と日本共産党の動向等

まず，最近の憲法改正をめぐる情勢について，主に次の4点における共産党の動向に触れてみたい。

①　「日本国憲法の改正手続に関する法律」の成立及び施行

平成19年5月14日に日本国憲法の改正手続に関する法律（以下「国民投票法」という。）が成立したことを受け，志位委員長は，同日の記者会見で"強い憤りをもって，自民党，公明党の暴挙に抗議する"と批判し，"憲法改悪反対の一点での国民の揺るぎない多数派を作るために，今日を新たな出発点として力を尽くしたい"，"国民の中で憲法を変えてはならない，という声を広げることが一番。国会では憲法改定の発議をさせない闘いが非常に大事"などとコメントした（19年5月15日付け「しんぶん赤旗」）。

また，22年5月18日の同法施行を受け，共産党は，「改憲手続き法の施行にあたって」と題する市田書記局長の談話を発表し，"主権者国民は現憲法の改定など全く求めておらず，したがって，この法律を発動する条件も必要もないことは明瞭である"，"民主主義的な制度として当然備えるべき条項を欠いた「欠陥法」にほかならない。速やかに廃止すべき"，"今，切実に求められていることは，世界に誇るべき「9条」を始め，日本国民が大切に育んできた憲法の平和・人権・民主主義の原理・原則を守り，我が国の社会と政治に一層深く定着させることである。そのために日本共産党は，多くの国民とともに力を尽くす決意である"などと訴えた（22年5月18日付け「しんぶん赤旗」）。

②　自民党が「憲法改正草案」を発表

24年4月27日，自民党は条文形式の日本国憲法改正草案（第2次）を発表した。これに対し，共産党は翌28日付け「しんぶん赤旗」に，"現行憲法前

文から侵略戦争への反省や平和的生存権を削除し, さらに9条の全面的な改定に踏み込んでいる", "天皇の元首化, 日の丸・君が代の国旗・国歌化, 皇位継承と元号の制定, 家族の尊重等保守性を前面に出している" などと掲載した。

また, 5月3日に開催された「憲法集会」で志位委員長は, "衆参両院の憲法審査会が始動し, 自民党, みんなの党など改憲各派が憲法改正案を発表し, そのどれもが9条改定に標的を合わせているのは偶然ではない", "日米安保条約という「憲法と相いれない現実」をなくし, 基地のない沖縄と日本, 憲法9条が輝く平和日本をつくろう" などとスピーチした (24年5月4日付け「しんぶん赤旗」)。

③ 国政選挙の政策

共産党は, 24年12月の第46回衆議院議員総選挙 (以下「衆院選」という。), 25年7月の参院選のいずれの選挙政策においても, 憲法改正阻止を掲げ, 選挙戦に臨んだ。

25年7月の参院選では, 改憲に前向きな政党が憲法第96条で定める国会での改憲発議に必要な「3分の2以上」の議席を獲得すれば, 改憲が現実味を帯びることから, 憲法に関する各政党の主張が注目された。各政党の主張はマスコミ各紙誌にも掲載され, とりわけ憲法改正反対を掲げた共産党に注目が集まったところであり, これが共産党の議席増の一因となったともいえよう。

　　※　衆院選政策「日本共産党の改革ビジョン」
　　　　憲法改悪を阻止し, 平和・人権・民主主義の原則を国政の全分野に生かします
　　※　参院選政策「日本共産党の改革提言」
　　　　安倍政権の改憲への暴走と対決し, 憲法を守り, 生かす政治を

④ 「しんぶん赤旗」日曜版が古賀誠元自民党幹事長にインタビュー

25年6月2日付け「しんぶん赤旗」日曜版は, 古賀誠元自民党幹事長に対するインタビューを掲載した。古賀元幹事長は, 憲法第96条改定に反対する見解を示すとともに, "戦後の長い期間, 国政の場で自由民主党と日本共産党は, 立場や政策は違っても, それぞれが自負も誇りも持って活動してきた。自由民主党と日本共産党こそが「二大政党」だと思っている" などと答えた。

ちなみに, このインタビューについて, ＭＳＮ産経ニュースが6月1日,

「これぞ保守本流!?　自民党元重鎮がまた『赤旗』で吠えた」という見出しで，“古賀元幹事長が「しんぶん赤旗」のインタビューに応じ，安倍首相が目指す憲法96条改正に真っ向から反論した。政界から引退したとはいえ自民党の元重鎮が共産党機関紙にわざわざ登場するのは，25年1月20日付け「しんぶん赤旗」日曜版で慰安婦問題をめぐる安倍首相の姿勢を批判した加藤紘一元幹事長以来”，“志位委員長は，「みんなで靖国神社に参拝する国会議員の会会長」も務めた対極の古賀氏が援護射撃してくれたことがよほどうれしかったのだろう。早々と5月28日に自身のツイッターで古賀氏の赤旗登場を前宣伝し，「書記局長時代に論争し，凄みと信念を感じたものです」と同氏を持ち上げてみせた”などと報じている。

　このように，共産党は，国民投票法，憲法第96条及び第9条の改正という憲法改正を捉えた各テーマへの反対姿勢を打ち出すことにより，護憲の政党であることをアピールしているが，これらは「現行憲法の前文をふくむ全条項をまもり，とくに平和的民主的諸条項の完全実施をめざす」とした「日本共産党綱領」（16年1月17日第23回党大会採択）を忠実に実践していることの証左ともいえよう。

　しかし，憲法の前文を含む全条項を守るはずの共産党ではあるが，志位委員長を始めとする日本共産党国会議員団が，天皇陛下が出席し参議院本会議場で開催される国会の開会式には首尾一貫欠席していることを読者の皆さんはご存じであろうか。共産党は，“現行の開会式は，天皇主権の旧憲法（大日本帝国憲法）下の帝国議会の儀式を引き継いだもの”，“日本国憲法の国民主権の原則にふさわしい開会式に改めるよう主張している”などとして（25年8月3日付け「しんぶん赤旗」），憲法で定められた「天皇の国事行為」を堂々と欠席しているのである。

2　日本共産党の現行憲法に対する見解

　先述のとおり，共産党は憲法擁護を主張しているが，一部行動が伴っていない。そこで，共産党の憲法観とはどのようなものか，同党のこれまでの文献，各種会議等での発言から考察してみたい。

日本共産党と憲法改正　153

⑴ 憲法は支配階級の人民支配の道具

　まず，憲法問題を階級的な立場，綱領の立場から正しく理解するための入門用として発行された「憲法闘争のすすめ方」（昭和40年10月，日本共産党中央委員会出版部発行）の記述を取り上げてみたい。

　同書では，「憲法は国家の基本法である」とした上で，「そもそもその国家というものが階級支配の道具ですから，憲法の性格や本質もまた，支配階級によって承認され制定された法律の一部であるわけです。したがって，憲法のさだめる国家諸機構の運営にも，支配階級が支配秩序の維持と防衛を国家の強制力（軍隊，警察，裁判所，監獄など）で保障するという階級的立場がつらぬかれていることを，はっきりさせておかなければなりません。……ここでもう一度くりかえしますが，憲法は支配階級の人民支配の道具です」と述べている。

　他方，「憲法のもつ基本的性格はいささかもかわりませんが，一定の歴史的段階では，憲法擁護，憲法改悪阻止のたたかいは，力関係が支配階級に有利にかわることをくいとめるばかりでなく，逆に，人民の力を結集して力関係を人民に有利にかえさせるために有効であり，必要であるということです。一定の歴史的条件のもとでは，憲法擁護，改憲阻止のたたかいが人民の重要な民主主義のための闘争形態になることがあります」とも述べ，憲法問題を捉えた大衆闘争の真の狙いとその必要性を明らかにしている。

⑵ 第8回党大会決定の綱領では，現行憲法は"平和的民主的諸条項を持っているが，反動的なものを残している"と指摘

　次に，昭和36年7月の第8回党大会で決定された綱領（61年綱領）では，憲法についてどのような見解を示しているのか，明らかにしてみたい。

　本綱領は，現行憲法について，「世界の民主勢力と日本人民の圧力のもとに一連の「民主的」措置がとられたが，アメリカ帝国主義者はこれをかれらの対日支配に必要な範囲にかぎり，民主主義革命を流産させようとした。現行憲法は，このような状況のもとでつくられたものであり，一面では平和的民主的諸条項をもっているが，他面では天皇の地位についての条項などわが党が民主主義的変革を徹底する立場から提起した「人民共和国憲法草案」（後述参照）の方向に反する反動的なものをのこしている」と明記している。

154

この点について，昭和36年5月6日の全国都道府県委員長会議における「綱領（草案）について」と題する報告では，「現行憲法の改悪反対，憲法に保障された平和的民主的条項の完全実施は，わが党が一貫してたたかってきた要求であり今後もたたかっていく課題であります。ここにこの新しい叙述をくわえたのは，戦後の民主革命の挫折という問題と現行憲法の関連を戦後の政治過程のなかで位置づけ，われわれがどういう意味で現行憲法を擁護し，同時に，どういう点では手をしばられるものではないということをあきらかにするためであります」と説明している（宮本顕治「日本革命の展望」100頁）。

　また，第8回党大会での「中央委員会の政治報告」において，野坂参三議長（当時）は，"わが党は，一部社会民主主義者のように，事実上現在の憲法を絶対視し，今後の民主主義革命のための自らの手をしばるものではないが，当面現憲法の平和的民主的条項の完全実施を要求し，憲法改悪の企てを粉砕するために努力するものである"と述べている（「前衛」№187，昭和36年9月臨時増刊号52～53頁）。

　これらの主張から明らかなように，共産党は，現行憲法には「平和的民主的条項」と「反動的条項」があり，革命の遂行に都合のよい「平和的民主的条項」の完全実施は要求していくが，都合の悪い「反動的条項」には手をしばられない，というスタンスに立っているのである。

⑶　現行憲法の廃止は社会主義日本に前進する過程

　それでは，共産党は，現行憲法を将来どのようにするつもりなのか。その意図を読み解くには，共産党の最高機関と定められている党大会の決定が参考となる。

　昭和48年11月の第12回党大会において，上田耕一郎幹部会委員（当時）が中央委員会を代表して報告した「民主連合政府綱領についての日本共産党の提案」では，「日本の社会が新しい歴史的段階に前進したときには，より民主的な憲法の必要を展望することは当然でしょう。以上の立場からわが党は，将来日本が独立，民主，平和，中立の道をすすみ，さらに社会主義日本に前進する過程で，日本国民の意思にもとづいて真に民主的な，独立日本にふさわしい憲法をもつ時期がくるという，歴史的な展望をもっています」と

日本共産党と憲法改正　　155

の見解を示している。もちろん，この「提案」が，大会最終日に全員一致で採択されていることは言うまでもない（「前衛」№363，昭和49年1月臨時増刊号197頁）。

⑷　日本人民共和国憲法草案

　ところで，共産党のホームページを閲覧すると，「党紹介Ｑ＆Ａでおこたえします」のコーナーで，"Ｑ：「共産党はなんでも反対」ってホント？Ａ：そんなことはありません。どんな課題でも，抜本的対案を示しています"と掲載されている。これが事実か否かはともかく，共産党は，現行憲法制定時には，対案ともいうべき「日本人民共和国憲法（草案）」を，昭和21年6月に日本共産党中央委員会憲法委員会名で発表している。

　この草案は，共産党が全条項を守るとしている現行憲法とはその内容を明らかに異とするものであり，主な条文を挙げてみても，天皇制の廃止（前文，第8条），国会の一院制（第45条），共和政体の破棄は憲法改正の対象となりえない（第100条）などとなっているのである。

　ちなみに，平成12年7月20日の「日本共産党創立78周年記念講演会」で不破委員長（当時）は，同草案の性格について，"これはその時代に先輩たちが知恵を結集して生み出した歴史的文書であり，我々の今後の行動は，それを基準にするものでも，それに拘束されるものでもない"と述べているが，これも，共産党の欺瞞戦術の一環ではないかと勘繰るのは筆者だけではあるまい。

3　手をしばられない「反動的」条項

　ここまで現行憲法に対する共産党の見解について見てきたが，"手をしばられない"と共産党が指摘する「反動的条項」とは，現行憲法のどの条項を指すのであろうか。

　かつて共産党は，現行憲法について，「反動的条項」と彼らが捉える条項に対する見解を綱領で明らかにしていた。それを国民の目から見えにくくしたのが，平成16年1月の第23回党大会における綱領の全面改定である。16年1月17日の一般紙の夕刊には，「天皇制・自衛隊を当面容認　共産党，綱領

を全面改定」（「日経新聞」），「天皇制，自衛隊を容認　共産党，新綱領を採択」（「東京新聞」）などと報道され，"共産党が現行憲法を擁護する普通の政党に生まれ変わった"などと錯覚された方々も多かったのではないだろうか。

追って天皇制と自衛隊に関する綱領の改定に触れることとするが，まず，前提として，憲法改定に関する共産党の見解から見てみたい。

共産党は，現行憲法について，6年7月の第20回党大会で採択した綱領では，「憲法改悪に反対し，憲法の平和的民主的諸条項の完全実施を要求してたたかう」（第5章）としていたところ，「現行憲法の前文をふくむ全条項をまもり，とくに平和的民主的諸条項の完全実施をめざす」（第4章12節）と改めた。

この点について，不破議長（当時）は，「綱領改定についての報告」において，"憲法をめぐる中心課題は，第9条の改悪を主目標に憲法を変えようとする改憲の企てに反対し，現憲法を擁護することにあります。我が党は，当面，部分的にもせよ，憲法の改定を提起する方針を持ちません"，"どんなものごとにも中間的，過渡的な状況ということはあるものであります。それを乗り越えるのは，将来，国民の意思に基づいて，日本の国家制度が民主共和制に前進するときであります"などと述べ，「当面」という留保を付しつつ，現行憲法擁護の姿勢を示した。

(1)　天皇制について〜「君主制を廃止」の文言を削除

さて，天皇制についてであるが，第20回党大会で採択した綱領では，「君主制を廃止し，反動的国家機構を根本的に変革して民主共和国をつくり，名実ともに国会を国の最高機関とする人民の民主主義国家体制を確立する」（第6章）としていたところ，「天皇条項については，「国政に関する権能を有しない」などの制限規定の厳格な実施を重視し，天皇の政治利用をはじめ，憲法の条項と精神からの逸脱を是正する。……天皇の制度は憲法上の制度であり，その存廃は，将来，情勢が熟したときに，国民の総意によって解決されるべきものである」（第4章12節）と変更した。

不破議長は，"君主制の規定は残すべきだとする意見も一部にあったが，国民主権の原則が明確にされている国で，「国政に関する権能」を持たない

日本共産党と憲法改正　157

ものが「君主」であり得ないことは，憲法論の上で明白である"と説明している。

(2) **自衛隊について**

同じく，自衛隊については，第20回党大会で採択した綱領では，「自衛隊の解散を要求する」としていたところ，改定に際し，「自衛隊については，海外派兵立法をやめ，軍縮の措置をとる。安保条約廃棄後のアジア情勢の新しい展開を踏まえつつ，国民の合意での憲法第9条の完全実施（自衛隊の解消）に向かって前進をはかる」とトーンを弱めた。自衛隊に関しては，共産党機関紙「しんぶん赤旗」の「語ろう日本共産党」欄においても，"自衛隊は憲法9条2項に明確に違反する「戦力」＝軍隊そのもの"としつつも，"私たちが政権についたら，自衛隊については軍縮の措置はとりますが，当面は自衛隊と共存していく時期があるだろうと考えています"と綱領と同様の説明をしている（24年10月2日付け「しんぶん赤旗」）。

共産党は現在，これらのとおり，天皇制，自衛隊を含め，現行憲法の全条項を守るとの主張を展開しているが，「当面」，「将来」といった留保の文言の存在は，結局のところ，従来の見解のとおり，廃棄を目指していることにほかならない。狭義としては，天皇制や自衛隊に関する条項が共産党のいうところの反動的条項であろうが，先述のとおり，共産党は「憲法は支配階級の人民支配の道具」とみなしていること，そして現行憲法遵守についても「当面」という留保を付していることにも十分留意する必要があろう。

4　連続講座綱領の力点

ちなみに，天皇制については，不破前議長も，共産党機関誌である「月刊学習」に連載している「党綱領の力点」（平成25年7月号〜）において，言及しているので触れておきたい。

不破前議長は，"61年（昭和36年）に決めた綱領は，戦後の憲法下の天皇の制度について，「法制的にはブルジョア君主制の一種」になったと規定し，民主主義革命と君主制は両立しないことから，「君主制の廃止」を革命の任務として明記した。憲法問題での我が党の立場は，当面は存続容認，将来改

定ということにならざるを得なかった。「当面の行動綱領（注）」でも，「憲法改悪に反対し，憲法に保障された平和的民主的諸条項の完全実施を要求してたたかう」，つまり，憲法の支持できる部分と支持できない部分に分けて，支持できる部分の完全実施を求めるという規定になった”と述べている。

しかし，“現在の日本は，「君主制」の国家かというと，これは，憲法解釈で少し右寄りと見える学者でも，そう簡単に言えない”，“日本の憲法では，第4条の「国政に関する権能を有しない」という規定が重要な意味を持っている。これが，国民主権の規定とともに，現在の日本における天皇の制度が君主制でないことの決め手の一つになっている”として，“綱領改定に際し，日本の国家形態の性格は，君主制ではないことを明確にし，その上に立って，我々自身は天皇の制度は民主主義及び人間の平等の原則と両立しないと考えているが，この制度の存否は，将来の国民の判断にゆだねるという態度を明らかにした”とも述べている。

これらをみると，支持できない部分，いわゆる手をしばられない「人民共和国憲法（草案）」の方向に反する「反動的条項」である天皇制については，61年の綱領では，君主制の一形態であるとして廃止を明記し，現綱領では，日本の国家形態を君主制ではないとして，その解釈を変更して棚上げしたものの，結局，天皇の制度は民主主義と両立しないとして，将来改正（廃止）を目指していることに変わりない。

しかし，こうした対応は，実は共産党にとって別の観点から，重要な意味を持つものとなったのである。不破前議長の次の記述に注目していただきたい。

“憲法の全条項を守るとはっきりいえるようになったのは，天皇条項の意味を明確にしたことの重要な結果です。これで相手側の憲法改定攻撃に対しても，現在から将来にわたる首尾一貫した態度で，正面から立ち向かえる立場を確立したわけで，ここにも綱領改定の大事な点が一つありました”（「月刊学習」No.636，平成25年9月号84〜86頁）

このように，共産党は，綱領の改定によって「護憲の政党」を打ち出すことが可能となり，憲法改悪反対闘争にとって大きな意義をもつことになったとしているのであるが，果たして読者の皆さんはどのように受け取るであろうか。

（注）　行動綱領

　　行動綱領とは，その綱領のうち，国民利益にてらして解決すべき当面の具体的
　要求の基本を簡潔に定式化し，列挙したもの。

　　　　　　　　　　　　　（10年10月29日付け「しんぶん赤旗」知りたい聞きたい）

お わ り に

　これまで述べたように，共産党は，現行の日本国憲法に対して擁護の姿勢
を示しているが，「61年綱領」を制定して以来，その時々の情勢により表現，
闘争方針の方向性の変化はあるものの，憲法問題に関する基本的立場がいさ
さかも変わっていないことはご理解いただけるであろう。

　そして，平成16年の綱領改定での「理論」に基づき，最近の憲法改正を捉
えたテーマに対しても改憲反対と唱えているのである。

　志位委員長は，25年5月に開催された「第7回中央委員会総会」の幹部会
報告で，"日本共産党が，国民との共同で政治を動かす政党であり，社会発
展の一歩一歩を，全て国民多数の合意を得て進む多数者革命の立場をとって
いる"と述べた上で，"原発ゼロ，ＴＰＰ，米軍基地，消費税，憲法等で一
致点に基づく「一点共闘」が，無党派の人々，保守の人々を含めた共同が，
様々な分野で広がっている"，"それぞれの「一点共闘」を一致点を大切にし
て発展させながら，日本を変える新しい統一戦線を作り上げていくために力
を尽くそう"などと"新たな統一戦線"の構築を指示している。

　共産党にとって憲法問題は，国民多数の集結を目指した「一点共闘」のた
めの闘争課題であり，統一戦線の構築のための手段の一つであろう。今後，
この憲法闘争が，共産党の狙いどおり，「一点共闘」として広がり，発展
し，統一戦線の形成につながっていくのか，引き続き注視されるところであ
る。

　　　　　　　　　　　　　　　　　　　　　　　　　（平成25年9月27日記）

160

日本共産党の
学習・教育制度

はじめに

　日本共産党は，平成25年３月，静岡県熱海市の「伊豆学習会館」に全国から活動家を集め，３回目となる幹部養成講座「特別党学校」を開校した。講義内容は，「党綱領」，「党史」，「党建設」，「選挙方針」等各分野に及び，講師陣も不破哲三社会科学研究所長（前議長），浜野忠夫副委員長以下幹部が軒並み名を連ねるなど，正しく将来の共産党を担う中央幹部を発掘する目的を帯びたものといえよう。

　このように，共産党は，職業革命家を自ら養成するため，独自の教育制度を確立しており，端からみれば，将来の革命に向けた準備に怠りがないようにも見受けられるが，果たしてその実態はどうであろうか。

　本稿では，共産党の学習・教育制度についてまとめつつ，そこからみえてくる共産党の思想建設の実態を推察してみたい。　　　　（文中の下線は筆者）

1　日本共産党の思想建設の背景

　まず，共産党の思想建設がどのような情勢を受け開始されたか，簡単に振り返ってみたい。

共産党は，昭和26年10月，党大会に準ずるものとして「第5回全国協議会」（以下「全協」という。）を開催し，「平和革命」の可能性を否定した「綱領——日本共産党の当面の要求」（「51年綱領」）を採択した。そして，この綱領に基づき，警察官の殺害，騒擾事件等の暴力的破壊活動を各地で敢行したが，この武装闘争は失敗に終わり，共産党は国民からの強い批判を浴びることとなった。党員数が大幅に減少したほか，27年10月の第25回衆議院議員総選挙（以下「衆院選」という。）では候補者が全員落選し，改選前35議席を全て失うという結果であった。

　これを受け，30年7月の6全協では，“武装闘争の失敗は「極左冒険主義」であった”と自己批判するとともに，「わが党の最大の弱点の一つは，マルクス・レーニン主義の理論的水準の低さにある。過去に党がおかした重大な誤りのほとんどすべてはここに根源があり，また，われわれが新しい綱領を十分実践できなかった原因もここにある」と指摘し，早急な思想建設の必要性を打ち出した。

　　（注1）　共産党は，アメリカを中心とする連合軍の占領下であっても議会を通じて
　　　　　平和的に革命を行うことができるとする，いわゆる「野坂理論」を採用し，敗戦
　　　　　直後の混乱，社会不安，生活窮乏等に乗じて党勢拡大を図り，昭和24年1月の第24
　　　　　回衆院選で35議席を獲得したが，25年1月にコミンフォルムから「野坂理論」が
　　　　　厳しく批判され，5全協での「51年綱領」採択に至った。
　　（注2）　共産党は，6全協で，「党が国内の政治情勢を評価するにあたって自分自身
　　　　　の力を過大に評価し，敵の力を過小に評価したことにもとづいている」として，
　　　　　武装闘争に立ち上がったことではなく，武装闘争の時期を見誤ったとする自己批
　　　　　判を行った。

2　日本共産党の学習・教育

○　学習の基本は「独習」，「集団学習」で補完

　さて，こうした経緯から共産党が思想建設の強化に取り組むこととなったわけであるが，ここで共産党の学習活動に関する見解を紹介しておきたい。

　共産党は，昭和37年5月7日付け「アカハタ」に，

　　　「学習活動には，<u>党機関の組織する党学校や学習会議</u>，あるいは細胞

の教育集会などの集団学習と，党員のひとりひとりが，それぞれ自発的におこなう独習との二つの方法があります」

「これらの二つは，総合的に運用すべきものですが，そのうちでも，独習が，マルクス・レーニン主義を学ぶ主要な，また，基本的な方法です」

「レーニンは，『ある程度じぶんで苦労してみなければ，どんな重大な問題からも真理を見いだすことはできない』といいましたが，このように自発的に学び，研究することが，すなわち独習です」

「独習が，マルクス・レーニン主義を研究するうえでのもっとも重要な方法であるといっても，集団学習や系統的な講義，学習のための具体的な指導が不必要だということではありません」

などとする「独習の意義と文献について」を発表し，この中で，マルクス，エンゲルスの「共産党宣言」や日本共産党綱領の解釈本ともされる宮本顕治氏の「日本革命の展望」など47の文献からなる「独習指定文献」を示した。

　このように，共産党は，学習活動について，党員一人ひとりが自発的に行う「独習」が基本であり，その「独習」を補完するものが教育制度による「集団学習」であるとしているが，これこそ，「独習」の重要性を唱えたレーニンの教えそのものであり，かつ，その忠実な実践は，マルクス・レーニン主義を理論的基礎とする共産党にとっての，革命に向けた準備の一環にほかならないものともいえよう。

○　党学校を制度化し，教育制度の充実を図る

　では，「独習」の補完的役割としての集団学習とは，どのようなものか。

　共産党は，現綱領が採択された昭和36年7月の第8回党大会で，「党の建設は，党員の思想をつよめ，理論水準をたかめる思想建設が基礎である」として，同年12月の第2回中央委員会総会（以下「○中総」という。）で，党員の各レベルに合わせた党学校等を開設することとした。

　しかし，48年11月の第12回党大会で，「耳にタコができるほど強調されてきたはずですが，しかし，実際の活動がいそがしくなると，ことばだけで実行されないというところが，まだ少なくありません」，「科学的社会主義の党にとって，これは党の生命ともいうべき問題であります」などとして，学

日本共産党の学習・教育制度　163

習・教育活動が低調であることを指摘するとともに，「学習・教育を具体的に重視するように，そうした党風をどうしても全党に定着させなければなりません」と訴え，さらに，52年10月の第14回党大会で「教育立党」の方針を打ち立て，同年12月の2中総で「党の教育体系について」を発表し，教育制度の充実を図った。

ここで注目すべき点は，36年12月に党学校の開設を打ち出してから，48年11月に"学習・教育制度の低調"に対する危機感を表明するに至るまでの12年間である。この12年間で，共産党は，党勢拡大を重視した取組で，約8万8,000人であった党員数を約34万2,000人にまで増大させたが，45年7月の第

各党学校の概要

新入党者教育（日本共産党中央委員会出版局発行「新版日本共産党紹介」225頁）

　党の目的（日本革命の道すじ），党の性格，組織と歴史，支部活動の基本等，党についてのごく基礎的知識を身に付けることを目的としている。入党後2週間以内，事情で遅れても1か月以内には修了することとしている。

基本課程（前掲，226頁）

　党についてのより深い知識を身に付けることを目的に，綱領，規約と「支部活動の手引き」，党史，資本主義から社会主義への発展の必要性についての基礎的な学習，党建設の5課目を学ぶこととしている。新入党者教育修了後1か月以内に修了し，特別の事情で遅れても入党後3か月以内には必ず修了することとしている。

中級課程（前掲，226頁）

　基本課程の教育を修了した党員で希望する者に対して，綱領，社会主義の理論，規約，党史，哲学，経済学，政策・方針と活動の7課目を学ぶこととしている。
　※現在，地区党学校に名称変更

幹部学校（前掲，228頁）

　綱領，党建設の理論，大会方針，党史等をより深く学ぶとともに，大衆運動，選挙闘争，党建設，自治体活動等を含め，幹部として必要な教育を受けることを目的に行う。
　※現在，都道府県党学校に名称変更

中央党学校（前掲，228頁）

　中央委員会及び地方党組織の必要な幹部を教育することを目的とするもので，静岡県熱海市「伊豆学習会館」で開かれる。

11回党大会では，「未教育者約1万2,000人余」であることを明らかにするなど，新入党員に対する教育活動が追い付いていない状況に陥り，これを打開するため，52年にようやく体系化したものとみられる。52年12月の2中総では，各党学校等の受講者数，講義時間や期間，講義課目，使用文献等，非常に細かく規定しているが，これらは本来，当初の段階で定めておくべきものと思われ，裏を返せば，それまでは各級機関，各講師にほとんど任せきりの杜撰な状態であったのではないか，と思うのは筆者だけであろうか。

○　講師資格試験を実施して講師陣も養成

　一方，共産党は，教育制度を進める上で欠かせない講師陣についても，独自のシステムで養成している。まずは，表をみていただきたい。

　共産党は，昭和42年10月31日付け中央委員会幹部会名で「『各級講師資格試験制度』について」を発表し，「大量に迎えいれた新入党者にたいする教

各級講師と講師資格（昭和42年11月1日付け「赤旗」掲載）

初級講師
綱領と規約についての理解を中心とする一定水準の理論的素養と政治的知識を身に付けていることを資格の差し当たっての基準とし，綱領と規約を中心とする細胞段階での教育者として，細胞学習会，党員候補教育，また，細胞の主催する大衆的な学習サークル等での講師として活動する（初級講師は哲学や経済学の講義は担当しない）。

中級（地区）講師
地区党学校の一つひとつの課目についての，また，地区委員会の主催する大衆的な政治学校等での個々の課目についての専門講師として，その他，地区段階での大衆教育の講師として活動するのに最小限必要な理論的・政治的知識を身に付けた者である。

中級（都道府県）講師
都道府県党学校の各課目についての，また，都道府県委員会の主催する人民大学，政治学校，政治講座等のそれぞれの課目についての専門講師として，その他都道府県段階の大衆教育の講師として活動するのに必要な思想的・理論的素養を身に付けた者である。

上級講師
中央党学校の正規の課程の各課目の，また，特別講座のこれに該当する課目の講師あるいは助教として，また，中央人民大学のそれぞれの課目や中央の主催する学習講演会等の講師として活動する。

日本共産党の学習・教育制度　**165**

育がたちおくれており，まだ教育をうけていない，あるいは十分に教育されていない新入党者が相当数残っていることは，党建設上きわめて重大な問題である」（42年11月1日付け「赤旗」）として，「初級講師」，「中級（地区）講師」，「中級（都道府県）講師」，「上級講師」からなる講師制度を確立し，「各級講師資格試験」を実施することを決定した。第1回目は43年2月に実施され，本年（平成25年）10月で第37回目を迎える予定である。

　ちなみに，合格者数については，古い数字になるが，昭和62年末までの講師資格試験の合格者は，初級講師が約4万5,000人，中級講師は約2万人，合計6万5,000人以上であると公表している（日本共産党中央委員会出版局発行「新版日本共産党紹介」228頁）。平成に入って既に25年が過ぎており，受験者数に関しても，「（第1回目の試験から）参加したみなさんはのべ26万人を超えています」（日本共産党中央委員会発行「月刊学習」平成21年8月号46頁）としていることから，講師資格を有する党員は相当数に及ぶものと思われるが，合格者数や受験者数を毎回公表しないのは，果たしてどのような事情からであろうか。

3　近年の主な学習・教育活動の動向

○　「独習指定文献」制度の廃止

　これまで学習・教育制度の経緯と概要について触れてみたが，ここからは，その後の動向について触れてみたい。

　昭和37年に始まった「独習指定文献」制度は，平成16年に廃止された。

　先述のとおり，当初は47の文献が指定され，その後，昭和54年当時には136文献にも達したものの，平成7年12月には，「一人ひとりの党員が，独習の努力をすすめるならば，読むことが可能な文献の数」として，当時67から23にまで文献数を削減した。「独習指定文献」から外された文献の中には，「共産党宣言」や「日本革命の展望」等，共産党員にとって憲法ともいうべき文献が含まれており，3年にソ連や東欧の社会主義諸国が崩壊する中で，同じくマルクス・レーニン主義に基づく革命政党としてのイメージを少しでも払拭する狙いがあったといえよう。

166

さらに，16年８月の第23回党大会２中総では，「情勢と理論が不断に発展するもとで，固定した「指定文献」という方式は，実情にあわなくなってきています」，「学習に役立つ文献については，適切な時々に，さまざまな形で，全党に紹介する」として，ついに「独習指定文献」制度を廃止したのである。

　この制度廃止については，一般紙も取り上げており，「読売新聞」（16年10月17日付け）では，

　　　「ドイツ社会民主党の理論的指導者，カール・カウツキーは，「資本論解説」で，マルクスの著作を読まずしてマルクスを論じることを強く批判した。日本共産党が全党員に義務づけていたマルクスの「資本論」などの「独習指定文献」制度を廃止したという。そのニュースに接し，真っ先に思い浮かべたのがカウツキーのこの言葉だ」

という編集委員のコラム記事を掲載するなど，社会的にも大きな反響を呼んだところである。

　ちなみに，共産党は，これに先立つ16年１月の第23回党大会で，国民が警戒心を抱くマルクス・レーニン主義特有の用語をことごとく削除，変更することを目的とした綱領の改定を行い，ソフトイメージを前面に押し出した。こうした流れの延長線上に同制度の廃止があるものと捉える向きもあり，その真意は判然としないが，いずれにせよ，学習の基本である「独習」の教本を失い，真に向学心のある党員にとっては，ショックも大きいものであったに違いない。

　もっとも，共産党は，制度廃止から僅か１か月後の16年９月に，不破哲三氏の「新・日本共産党綱領を読む」を，同年12月には「報告集日本共産党綱領」を，それぞれ全党員が学ぶ文献として推奨した（16年12月23日付け「しんぶん赤旗」）。よもや不破氏の著作を党員に購入させるための方策だったのではあるまいが，それにしても，「指定」と「推奨」という文言の違いはあれども，事実上の制度復活にほかならず，"一体何のための制度廃止であったのか？"という疑問を持つのは筆者だけではあるまい。

　共産党が推奨する文献はその後も相次いで紹介されており，最近では，「党員の学習・講師活動・講師試験のために学びたい文献」と題して，22の

日本共産党の学習・教育制度　**167**

文献が紹介されている（24年8月9日付け「しんぶん赤旗」）。

○　新入党員に対する教育の理想と現実

　民間企業での新入社員研修を取り上げるまでもなく，新人教育は，あらゆる組織にとって最重要事項の一つであろう。これは共産党にも当てはまるところであり，共産党では，新入党員の教育について，規約第8条に「党組織は，新入党者にたいし，その成長を願う立場から，綱領，規約など，日本共産党の一員として活動するうえで必要な基礎知識を身につけるための教育を，最優先でおこなう」ことと規定している。また，新入党員が「綱領，規約の基本点を理解し，日本共産党の一員として誇りと確信をもって支部活動に参加するようになれば，党の活力を強め，国民の要求にこたえる活動，政策宣伝活動，選挙活動，議会活動，機関紙活動など，党のあらゆる活動を担う根本の力を大きくする」（「月刊学習」24年7月号）などとして，新入党員に対する教育の重要性を殊更強調している。

　こうした背景には，新入党員に対する思想教育等の援助が行われず，やがて，党活動に参加しなくなった党員が増え続けた結果，過去2回の大幅な党員整理によりそれぞれ10万人前後の党員を離党措置としていることが挙げられよう。^(注3)

　そして，この問題の解決は，共産党にとって"永遠の課題"となっているようでもあり，最近でも，「新入党員学習が未修了で力を発揮できなかった新入党員も残されており，『新年になって新入党員の学習と支部活動参加の援助が中断している』という党機関も少なくありません」などと指摘している有様である（25年2月7日付け「しんぶん赤旗」）。

> （注3）　共産党は，党活動に参加しない党員の整理を2回行い，第18回党大会（昭和62年11月）から第20回党大会（平成6年7月）までに12万7,000人を，第25回党大会（22年1月）から全国活動者会議（24年5月）までに9万人の党員をそれぞれ離党措置としたとしている。

○　初心者向けの「綱領・古典の連続教室」を開催

　このように，新入党員に対する教育が立ち遅れている中，共産党は，平成22年9月の第25回党大会2中総で，「党綱領と科学的社会主義の古典の基本点を，初心者にも分かりやすく，面白く理解してもらう」ことを目的に，党

員や民青同盟員を対象に，インターネットの党内通信を活用した「綱領・古典の連続教室」を開始することを決め，同年12月から，不破社会科学研究所長が「古典教室」，志位和夫委員長が「綱領教室」の講師をそれぞれ務め，24年3月までに各12回の講義を行った。

当初，募集期限を決めて有料（党員2,000円，民青同盟員1,000円）で受講生を募集し，期限終了後も「党の質を変えるところまで『連続教室』の規模をさらに発展させましょう」（22年12月15日付け「しんぶん赤旗」）などと呼び掛けた。さらには，「全支部，民青同盟あげた学習運動へ発展させる」（23年7月29日付け「しんぶん赤旗」）として，終了分の講義を共産党のホームページで視聴できるようにするなど，「連続教室」への関心を高めさせ，受講申込みに結び付けようとしたが，結局受講生数は伸びず，2万8,000人にとどまった。

共産党は，「連続教室」終了後も，「最新の理論的到達点を凝縮したもので，今後の理論学習，学習・教育活動に生かすべき，大きな財産となりました」などとして，現在もホームページで配信しているほか，「連続教室」を書籍及びＤＶＤで発売し，積極的な活用を呼び掛けている。しかし，「党の歴史上もっとも大きな学習会」として始まった「連続教室」の受講生が，党員全体（24年5月1日現在で31万8,000人）の1割にも達しておらず，図らずも党員の学習離れが浮き彫りになってしまったといえる。

○　幹部養成講座「特別党学校」を開催

最後に，共産党の将来を担う中央幹部候補者の育成について紹介したい。

共産党は，平成18年1月の第24回党大会で，「わが党の将来の担い手となる若い機関幹部の計画的，系統的養成」を行うため，「特別党学校」の開設を決定した。具体的には，①中央と都道府県・地区機関の若手の活動家を結集する，②一度で"卒業"とする「学校」ではなく，年に数回という頻度で継続的に開く，③理論，実践，党派性等，党の幹部として総合的な力を付けた後継者を育てる，などとしている。

この背景には，共産党が，先述の第25回党大会2中総において，現勢について，9年時点では「65歳未満が約8割，65歳以上が約2割」であったのが，同中総の時点で「65歳未満が約6割，65歳以上の党員が約4割」になっ

日本共産党の学習・教育制度　**169**

ていることを明らかにするなど，党員の高齢化が喫緊の課題となっていたことが挙げられよう。

「特別党学校」はこれまでに3回行われており，第1期は18年3月と8月，第2期は20年2月と8月，第3期は冒頭述べたとおり本年（25年）3月にそれぞれ行われた。第3期の開講に至るまでに約5年を要しており，よもやその間に適当な候補者が見当たらなかったということでもあるまいが，果たしてその真相はどうであろうか。

ちなみに，共産党は，22年1月の第25回党大会で，第1，2期の受講生の中から中央委員，准中央委員に抜擢しており，この限りにおいては，「特別党学校」が将来を担う幹部の養成機関であるともいえるだろう。

おわりに

「午後3時すぎ，授業再開の鐘が響くと，作業服を脱いで思い思いの服装になった学生約50人が全校舎のほぼ中央に位置する講堂に集り着席した。壁にはマルクス，エンゲルス，レーニン，片山潜の写真がかかげられ，教壇わきには野坂議長の筆による『不屈』の額。……講義は『資本論研究序説』，つまり『資本論』を党員としてどう読みとるべきかについてのいわば学習指導だ……」（朝日新聞社編「日本共産党」10頁〜）。

これは，昭和48年当時の伊豆学習会館での講義の様子である。48年といえば，前年12月に施行された第33回衆院選において，改選時14議席から40議席（うち2議席は推薦）にまで議席を増やすなど，共産党に勢いのあった時期でもある。こうした情勢下での思想建設であり，党指導部も自信を持って取り組んでいたに違いない。

もっとも，45年7月の第11回党大会で，「機関の学習会が制度化されているところはまだ少数」と報告されているように，当時の情勢下でも，党員に対する学習の徹底は党指導部にとって懸案事項であった。ましてや，最近の共産党は，全党を挙げた党勢拡大に取り組んでおり，「しんぶん赤旗」紙面にも，連日のように党勢拡大を訴える文言が躍っている有様である。講師資

格を有する党員も取組に忙殺されていることは想像に難くなく，だからこ
そ，新入党員に対する学習の未修了が中総で繰り返し問題点として指摘され
るのであろう。

　問題は，講師体制にとどまらない。「独習指定文献」制度の例を持ち出す
までもなく，学習・教育制度における党指導部の方針にも「ぶれ」がみら
れ，党指導部は，思想建設の重要性を繰り返し訴えるものの，"枠組み"・"中
身"いずれにも問題を抱え続けた状況となっている。

　こうした中，共産党の理論的支柱ともされる不破前議長が，自ら党員に対
し「古典教室」で指導に当たったのも，彼自身の危機感の表れであろうか。
思想建設にこだわりを持つとされる不破前議長の"次の一手"に注目したい。

（平成25年 5 月30日記）

日本共産党の学習・教育制度　171

平成24年の日本共産党の
動向を振り返って

～「党勢拡大大運動」で１万8,000人の
新入党員を獲得した日本共産党～

は じ め に

　国際共産主義の勃興期である1922年（大正11年）７月15日，コミンテルン
（国際共産党）日本支部として誕生した日本共産党は，平成24年７月に創立
90周年を迎えた。これまでの歴史的経緯や評価，また，その間の数々の所業
は割愛するが，近年，国政におけるその勢力は低減傾向にあり，最近も，
"民主，自民の二大政党の狭間に埋没し，退潮傾向に歯止めが掛らない"（24
年７月19日付け「朝日新聞」）等と評されている。ここ数度の国政選挙の結
果をみると，８年の衆議院議員総選挙（以下「衆院選」という。）比例代表
で約727万票，10年の参議院議員通常選挙（以下「参院選」という。）比例代
表で約820万票を獲得したのをピークに，21年の衆院選比例代表では約494万
票，22年の参院選比例代表では約356万票と半減ともいえる状況になってい
るが，こうした中，共産党は，22年の参院選の結果を「党の自力の不足」と
総括しつつ，23年７月の第３回中央委員会総会（以下「○中総」という。）
で，「党創立90周年をめざす党員拡大を中心とした党勢拡大大運動」の取組
を指示し，約１年にも及ぶ期間中に"１万8,000人"の新入党員を獲得したと
している。共産党は，これまでの"退潮傾向"を脱したかのように"成果"
を強調しており，その「勢い」をもって24年12月の第46回衆院選にも臨んだ

172

ようであるが，その実態は周知のとおりである。

　本稿では，共産党が23年7月から取り組んだ「党勢拡大大運動」の実態と成果を検証しつつ，24年中の共産党の動向について振り返ってみたい。

1　「党勢拡大大運動」の取組

○　党員拡大目標を「5万人」と提起

　共産党は，平成22年9月の2中総で，"全国315の全ての地区委員会で毎月1人以上の新入党員を迎える"方針を打ち出し，さらに，23年7月の3中総では，24年7月の党創立90周年記念日までの間に，"全支部（約2万1,000支部）で必ず新入党員を獲得する"ことなどから成る「党創立90周年をめざす党員拡大を中心とした党勢拡大大運動」（以下「大運動」という。）の取組を決定した。そして，23年12月の4中総では，「大運動」開始後に約4,600人が入党したことを明らかにしているが，"新入党員を獲得した成果支部は15.2％"，"日刊紙読者は安定軌道にはのっていない"と指摘した上で，新たに「5万人の党員，5万人の日刊紙読者，17万人の日曜版読者」の拡大目標を設定した。この拡大目標は，党創立90周年という節目の年に向けて目標を更に高く設定し，拡大のペースを上げる狙いがあったものと思われる。

　近年の共産党は，「蟹工船」ブームの20年当時には，11か月間で約1万人の党員拡大を達成したとされるものの，16年の第23回党大会以降でみれば，党員現勢は横ばいが続き，「しんぶん赤旗」読者数でも，昭和55年の第15回党大会以降，減少傾向に歯止めが掛からない状況にある。こうした中で，今次掲げられた目標は，当初から達成困難なものとみられたが，実際に取り組まなければならない下部党の党員は，この目標を示されて一体どのように思っただろうか。

○　相変わらず取組は低調

　「5万人の党員」という目標設定後，初の取組となった24年1月の結果は，党員拡大で620人，機関紙拡大は日刊紙，日曜版共に減紙であった。4中総決定で各支部に平均2.4人の党員拡大を求めていたところであり，この結果に党中央はかなりの危機感を募らせたに違いない。共産党は，2月に都道府

県委員長会議を開催し，各県の委員長に取組を強化するよう発破を掛け，さらに，3月3日から17日の期間内に全国の各支部で緊急の支部会議を開催し，目標達成に向けて支部内で意思統一を図るよう指示した。

　共産党は，3月2日の常任幹部会声明で，"4中総決定の全党徹底は38％にとどまっている。「大運動」で新入党員を迎えた支部は2割弱，2月の読者拡大は日刊紙・日曜版共に後退した"と取組が低調であることを明らかにしたが，同声明からは，「大運動」全期間の約3分の2が既に経過しているにもかかわらず全く成果が上がらない現状に対する党中央の苦悩や苛立ちが目に浮かぶところである。

　いずれにせよ，こうした取組の結果，期限である3月17日までに68.9％の支部が，3月末までには85％を超える支部・グループで会議を開催したとのことである。ちなみに，23年7月の3中総で志位委員長が，支部長不在や支部会議が開催できない支部があると指摘していたが，党中央がこれだけ発破を掛けても100％に達しないというのは，機能不全に陥っている支部が少なくとも1割以上は存在するということにほかならないといえよう。

○　既に規約から削除されている活動者会議を開催

　共産党は，平成24年5月24，25日の2日間，都内の党本部において，25年ぶり15回目となる「総選挙勝利，『党勢拡大大運動』目標総達成，全国活動者会議」を開催した。活動者会議とは，旧規約第23条^(注)によれば，「党の決定を理解させ，党活動の経験を交流，総括するために開催」されるものであり，昭和35年8月の第1回会議を皮切りに，62年10月までに14回開催されている。共産党は，これまでの活動者会議について，"全国的な選挙戦の勝利や，党勢拡大の集中的な運動の成功に大きな力を発揮してきた"と強調し，今次会議も，衆院選での勝利に向け，「大運動」の目標達成のための意思統一を図ることを目的に開催したとしている。

　では，前回（第14回）の活動者会議はどのような情勢の下で開催されたのであろうか。若干触れてみたい。

　昭和60年11月の第17回党大会で，大会時点の党員数（約46万9,000人）が前回大会時（約47万7,000人）を下回ったことに危機感を抱いた共産党は，「党建設と党活動発展の総合計画」を策定した。これは，50万人の党を達成

し，更に前進することを目標に掲げたものであったが，大会後の取組が低調
であったため，62年8月を開始時とする"第18回党大会までに最高時を突破
する党勢拡大全党運動"（8月1日～11月末）を新たに設定し，第17回党大
会で示された"50万党員"の達成を目標に取り組んだ。しかし，ここでも思
うような成果が上がらず，10月，14回目となる活動者会議を4年3か月ぶり
に開催し，「全党運動」の取組に対する発破掛けを行った。この結果，第17
回党大会から昭和62年11月の第18回党大会までの間に，目標である50万人ま
であと1万人となる2万人の党員を拡大するという，一応の成果を挙げたの
である。

　なお，活動者会議については，第22回党大会における規約改定で削除され
ており，現規約には明記されていない。このため，今次活動者会議の位置付
けは極めて曖昧である。にもかかわらず，25年ぶりの開催は，今次「大運
動」の成果が全く上がっていないことに危機感を持った党中央が，窮余の策
として，既に廃止した会議を復活させざるを得なかったという，過去の実績
にすがりつくことでしか打開できない党の実情が如実に現れたものといえよ
う。

　　（注）　旧規約第23条
　　　　「党の各級指導機関は，重要な決定をするにあたって下級組織の意見をきき，
　　　　また決定を正しく党内に理解させ，あるいは党活動の経験を交流，総括するため
　　　　に，活動者会議をひらくことができる」

○　「実態のない党員」9万人を整理し，党員現勢を31万8,000人と公表

　志位委員長は，活動者会議冒頭の幹部会報告で，党活動の停滞原因であった
「実態のない党員」約9万人を整理した結果，党員現勢が31万8,000人となった
ことを明らかにした。党員現勢を公表したのは平成22年1月の第25回党大会以
来であり，前回公表比で8万8,000人が減少したことになる。

　「実態のない党員」とは，「1年以上党活動にくわらず，かつ1年以上党
費を納めない党員」をいう（党規約第10条）。平成2年3月の第18回党大会
8中総で，不破委員長（当時）が，"党全体を弱体化させる腐食源"と述べ
たように，共産党にとって「実態のない党員」の存在は，党活動の停滞要因
とされている。今次の活動者会議で発表した狙いは，こうした実態を公表す

平成24年の日本共産党の動向を振り返って　175

ることで党の活力を呼び起こし、「大運動」への取組に傾注させるためであったとみられる。

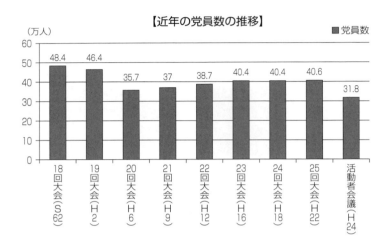

○ 「特別期間」を設定し、更に取組強化を指示

　活動者会議では、「大運動」期間中におけるそれまでの取組の成果について、党員拡大では、"入党承認者が7,700人"に達したとする一方、「しんぶん赤旗」読者拡大では、"日刊紙読者3,500人、日曜版読者1万4,000人が後退"したと報告された。志位委員長は、「大運動」の目標達成について、「やりきらなければ総選挙の勝利の保障はない」などと党の危機的状況を訴えつつ、当初掲げた目標の未達成分に該当する「4万3,000人の党員拡大、5万3,000人の日刊紙拡大、18万4,000人の日曜版拡大」を指示した。そして、5月24日から7月31日までを、総選挙勝利を目指す「『大運動』目標総達成の特別期間」に設定し、全党を挙げた集中的取組を行うよう指示した。さらに、「特別期間」中、日報（党員拡大、読者拡大、全国活動者会議の報告の討議支部数）を導入し、取組を確実に推進させることとした。

○ 「大運動」の結果、期間中に1万8,000人の新入党員を獲得

　これまで述べたような取組により、共産党は「大運動」期間終了後の8月2日、「大運動」期間中に約1万8,000人の新入党員を獲得した旨発表した。特に、7月中は7,115人であったとして、"7,000人を超える入党は、昭和62年

11月以来，25年ぶり"とその成果を強調した。一方，「しんぶん赤旗」の読者拡大については，「大運動」開始時と比べ，日刊紙読者750人，日曜版読者1,086人の減少になったとしている。

　志位委員長は，8月の都道府県委員長会議で，「大運動」の結果について，"まだ，自力は足りない。選挙で勝つ保障は築けていない"，"党勢拡大に脇目もふらずまい進する。この仕事をやり抜くことが，どういう展開になっても，現時点での私たちの最大・最良の選挙勝利の道である"として，①引き続き党員拡大を中心とした党勢拡大に力を集中，②全ての支部が，新入党員を迎える取組を9月末まで継続，③「しんぶん赤旗」読者の拡大の3点をそれぞれ指示した。この結果，8月及び9月の取組で約2,000人の新入党員を獲得したとしている。「大運動」期間と合わせると約2万人が入党したことになる。

　なお，次表は，「しんぶん赤旗」に発表された「大運動」期間中の各月の党員拡大，読者拡大の増減を表したものである。やはり，7月の成果は目を見張るものがある。しかし，なぜ最後でこのような成果を出すことができたのであろうか。新入党員の成果は，5月までは平均800人，活動者会議後の取組となった6月でも2,000人であり，ラストスパートというには度を超えている感じを受ける。これが31万を超える党員を抱える共産党の底力ということであろうか。あるいは，一度整理した党員に再入党の呼び掛けでもしたのであろうか？

【「しんぶん赤旗」に掲載された「大運動」期間中の党員，読者の増減】

		7月	8月	9月	10月	11月	12月	1月	2月	3月	4月	5月	6月	7月
党員		1,100	1,000	900	850	781	—	620	—	600	700	786	2,000	7,115
読者	日刊紙	前進	−131	−105	−45	−248	108	後退	後退	−2,123	20	79	1,036	1,431
	日曜版	後退	−764	−717	408	412	後退	後退	後退	−8,865	1,369	397	4,557	8,314

　筆者がもう一つ関心を持つのが，新入党員の年齢層である。「しんぶん赤旗」に掲載された記事を見ると，老若男女様々な層の人が入党していることがうかがえるが，果たしてどの年代が一番多かったのであろうか。組織の若返り化は多くの組織において共通の課題であるが，共産党の場合は，高齢者が多数を占めているということではあるまいか。この2点については，是

非，共産党に聞いてみたいところである。
○ 日刊紙を値上げしても，部数は維持している模様
　一方，「しんぶん赤旗」発行部数は，平成24年7月の党創立90周年記念講演会で「130万人」と公表された。昭和55年の第15回党大会以降，発行部数は減退の一途をたどっている。
　しかし，こうした中，上田均財務・業務委員会責任者は，"平成24年中の日刊紙の発行は24万部をほぼ維持した"と公表した。23年9月に，経営危機を理由に「しんぶん赤旗」日刊紙の購読料を500円値上げした（2,900円→3,400円）が，値上げの影響はなかったということであろうか。いずれにせよ，共産党にとっては，退潮傾向の中，一筋の光明といえよう。
　ちなみに，共産党にとって，機関紙「しんぶん赤旗」は，「宣伝，扇動，組織者であり」，「党と人民の日々のゆくてを示す羅針盤であり」，「党中央と全党員をむすぶ血管である」（昭和37年10月の第8回党大会4中総）とされ，党の活力を生み出すために，重要なものである。新たに入党した約2万の党員のうち，何％が購読しているか分からないが，読者数は，党員としての"質"のバロメーターとしてみることもできることから，今後の読者数の推

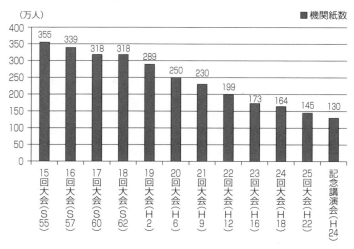

【近年の機関紙読者数の推移】

移に注目したい。

2　衆院選に向けた取組，結果

○　4中総で，"全小選挙区での候補者擁立"に再び方針変更

　共産党は，これまで全小選挙区での候補者擁立方針をとっていたが，平成16年11月の全国都道府県委員長会議で，比例代表での得票・議席増を重点とした上で，"全選挙区での候補者擁立を目指すが，全ての県に一律には義務付けない"とし，さらに，19年9月の第24回党大会5中総では，「(19年7月の)参院選比例得票を8％以上獲得したところで，日常的・系統的に活動できる力量ある候補者を擁立できる選挙区」と「各都道府県で1選挙区以上」での候補者擁立という方針に変更した。

　しかし，17年及び21年の衆院選の結果は，比例代表における得票数で前回をそれぞれ上回ったものの，得票率では減少した。このため，23年12月の4

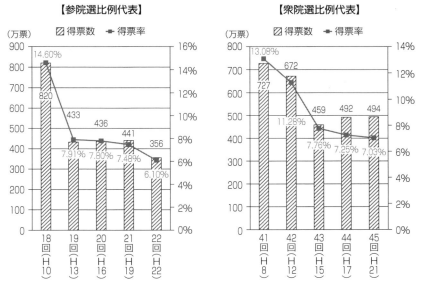

【衆院選・参院選比例代表における共産党の得票率の推移】

中総では，"情勢の変化に則し，小選挙区で最大限に擁立して闘う"として，過去2回の衆院選での方針を変更し，再び"全小選挙区での候補者擁立をめざす"とした。そして，得票数については，「比例を軸」に650万票以上の得票を目標とするこれまでの方針を引き続き掲げるとともに，全ての自治体・行政区での得票率10％以上の獲得，北海道，北陸信越，中国，四国の各ブロックでの議席獲得を目指すこととした。4中総での方針変更は，比例代表を重視したことで小選挙区での下部組織の活動が弱まり，全体として後退傾向を脱することができず，22年の参院選においても比例得票が356万票にとどまり，21年の衆院選比例の494万票を大きく下回ったことなどが背景にあるものとみられる。

○　5中総で「現有9議席の倍増——18議席」を目標に設定

　共産党は，平成24年10月14，15日の2日間，党本部で5中総を開催し，4中総決定の「650万票以上の得票，10％以上の得票率」に加え，「現有9議席の倍増——118議席以上」の獲得を提起した。志位委員長は，冒頭の幹部会報告で，"いつ解散・総選挙となっても，必ず躍進を勝ち取れるよう，政治的・組織的高揚を作り出すため，全力を挙げる"と強調した上で，衆院解散までを期限として"1千万人との対話"，"新たに3万人同志の増"などと指示し，党員拡大を中心とした取組を今後も継続する方針を掲げた。

　志位委員長は，11月20日に開催された「総選挙必勝全国いっせい決起集会」で，"私自身も党員人生を掛けて，自分自身の持てる全ての力を出し切り，躍進の先頭に立って奮闘する決意である"などと述べたように，今次選挙への意気込みは並々ならぬものであったことがうかがえた。

○　結果は比例代表の8議席のみで，改選前の9議席から1議席後退

　第46回衆院選は，平成24年12月4日公示，16日投開票で行われた。共産党は，今次衆院選に際し，小選挙区299人（沖縄2区は候補者擁立せず），比例代表35人（小選挙区選挙との重複12人）を擁立して臨んだものの，結果は，小選挙区では全敗した。小選挙区全敗は，12年の第42回衆院選以来，5回連続となった。比例代表では，7ブロックで8議席（東北1，北関東1，南関東1，東京1，東海1，近畿2，九州1）を獲得したが，近畿ブロックで1議席を失ったことで改選前の9議席から1議席後退した。得票数・率は，小

選挙区では，前回比147人増となる299人の候補者を立て，得票数が約470万票（前回比約172万票増），得票率が7.88％（同3.66ポイント増）で，比例代表は，前回比44人減となる35人（重複12人）の候補者を立て，得票数は約369万票（同約125万票減），得票率6.13％（同0.9ポイント減）であった。

> ※　沖縄2区は，"特別な事情がある。オスプレイ配備撤回，普天間基地の閉鎖・撤去が島ぐるみの意思になっている。これを国政に伝える見地に立って自主投票とする"として，候補者擁立を見送った。

おわりに

　第46回衆院選は，共産党にとって，平成23年7月から取り組んだ「大運動」の成果が試されるときであったが，結果は，目標である"議席倍増"どころか，現有議席の維持すらできなかった。実際に「大運動」に従事させられた下部党員の落胆ぶりが目に浮かぶようである。今後，共産党は，25年の早い時期に中総を開催して衆院選を総括すると思われるが，依然として「党の自力の不足」が解消できていない中で，7月に予定されている参院選に向けてどういう戦術で臨むのか，21世紀の早い段階での「民主連合政府」の実現に向け，「第3極」と呼ばれる政党とどのように向き合っていくのか，その動向が注目される。

　志位委員長は，24年1月の新春インタビューで，"党創立90周年にふさわしい躍進の年にしたいというのが最大の抱負である"と語ったが，24年をどのように回顧し，25年に向けてどのような抱負を語るのか楽しみである。

（平成24年12月17日記）

日本共産党の「原発ゼロ」
運動に対する取組

はじめに

　平成23年3月11日に三陸沖を震源とする東日本大震災が発生してから，1年8か月が経過した。この震災で発生した福島第一原子力発電所事故は，日本のエネルギー政策の在り方に一石を投じた。

　野田民主党政権は，24年9月14日のエネルギー・環境会議において，「2030年代に原発ゼロ」を目指す新しいエネルギー政策となる「革新的エネルギー・環境戦略」をまとめた。新聞各紙は総じて，“脱原発”の世論を踏まえ，従来の原発政策を大きく転換させた”との論調である。

　一方，日本共産党も，9月25日に新たな提言となる「『即時原発ゼロ』の実現を——日本共産党の提案」を発表した。このタイミングでの発表にどのような狙いがあるのかはともかく，最近の共産党は，時勢を捉え，これまでになく「原発ゼロ」運動に力を入れている。そこで，本稿では，共産党にとって「原発ゼロ」運動とはどのような意味を持つのか，原発問題に関するこれまでの主張と原発事故発生後の取組を中心に取り上げてみたい。

（文中の下線は筆者）

1　日本共産党の原子力発電に対する立場

　不破前議長は，平成23年5月10日に開催された，日本共産党中央委員会主催の第4回「古典教室」（テーマ：「科学の目」で原発災害を考える）で，“日本で原子力発電が問題になってきたのは1950年代の中頃からで，1957（昭和32）年には東海村で研究用の原子炉が初稼働し，1960年代に商業用の発電が始まるが，日本共産党は，安全性の保障のない「未完成の技術」のままで原子力発電の道に踏み出すことには，最初からきっぱり反対してきた”，“党の綱領を決めたのは，1961（昭和36）年7月の第8回党大会だが，その大会の直前の中央委員会総会で「原子力問題にかんする決議」を採択し，それ以来，この問題での我が党の立場は一貫している”と述べている。

　不破前議長が述べた「決議」とは一体どのような内容のものであろうか。共産党が昭和36年7月の第7回党大会第18回中央委員会総会（以下「○中総」という。）で採択した「原子力問題にかんする決議」について，以下のとおり概要を明らかにしてみたい。

　「決議」では，科学，技術に関する共産党の政策の基本について，①科学，技術が戦争準備，核武装，搾取強化等の目的のために利用されることに反対し，②科学，技術の向上とその民主的発展，人民の福利のための平和的利用のために闘うこととしている。そして，日本初の商業用発電所とされた東海村の原子力発電所の建設工事については，“我が国のエネルギー経済，技術発展の現状においては，危険を伴う原子力発電所を今直ちに設置しなければならない条件は存在しない”，“原子力研究の基礎，応用全体の一層の発展，安全性と危険補償に対する民主的な法的技術的措置の完了を待ってから考慮されるべきである”として，その中止を要求している。ここまで読めば，“反原発”に関する一般的な主張とさほど変わらない印象を受けるところである。

　しかし，共産党の“真の狙い”が現れるのは，以下の内容である。原子力の問題に関し，「決議」では，軍事的利用と平和的利用という相反する深刻な二面性を持っており，アメリカ帝国主義と日米の独占企業の支配の下で

日本共産党の「原発ゼロ」運動に対する取組　**183**

は，軍事的利用が中心に置かれ，平和的利用は大きく制限されるとして，平和利用，安全性を勝ち取るには，"帝国主義と独占体の支配の政策に反対する統一戦線の発展と勝利"が必要であると明記しているほか，原子力の平和利用について，"人民が主権を持つ新しい民主主義の社会，さらに社会主義，共産主義の社会においてのみ可能である。ソ連における原子力の平和利用はこのことを示している"などとも主張しているのである。

ソ連での原子力の利用が平和的であるとの主張に筆者は少なからず違和感を持つが，いずれにせよ，こうした「決議」の内容をみれば，共産党が半世紀も前から反対していたのは，あくまでも「反動的」な原子力政策であって，一方で"人民と進歩的科学技術者の監視"の条件があれば平和利用になるとの立場も主張するなど，必ずしも安全性のみを理由として反対してきたものではないことは明らかであろう。

ちなみに，先述の"不破講義"を収録した冊子「『科学の目』で原発災害を考える」には，資料として「原子力問題にかんする決議」が掲載されているが，「原子力の研究，開発，利用」に関する共産党の要求と政策を述べた，正に共産党にとって都合のよい部分のみを掲載しており，この点を捉えても，共産党の欺瞞性が垣間見られるところである。

2　なぜ，日本共産党は，「反原発」，「脱原発」ではなく，「原発ゼロ」と主張するのか

ところで，読者の皆さんも既にお気付きかもしれないが，日本共産党は，「原発ゼロ」という言葉を数多く使用している。しかし世間では，「反原発」，「脱原発」という言葉の方が一般的ではないだろうか。ここでは，共産党がなぜ「原発ゼロ」にこだわるのか，その真意を明らかにするため，「赤旗」掲載の「質問に答えて」，「知りたい聞きたい」等から関連箇所を抜粋してみたので，まずはご一読いただきたい。

○　「原子力発電は必要だと思うが共産党はなぜ反対するのか」

原子力はこれからのエネルギー源として欠かせないものであり，その平和

利用は，これからの日本経済の一層の発展に役立つに違いありません。共産党は，原子力発電所の建設そのものに反対するのではありませんが，現在進められている建設計画については安全性が技術的にも政策的にも確立されるまでは，これらの建設をすべきではないと考え，反対しているのです。

（昭和48年3月21日付け「赤旗」質問に答えて）

○　「原発建設反対のたたかいをどうみる」

　　共産党は，原子力発電所の安全が技術的に確立されるまで，原子力発電所の建設計画に反対するとともに，原発反対運動を利用しようとする反共分子やトロツキストの分裂策動にも反対し，原発反対のたたかいを正しく前進させるために努力しています。（昭和48年9月17日付け「赤旗」質問に答えて）

○　「原子力の平和利用に共産党は反対している？」

　　日本共産党は，原子力の平和利用に反対する態度をとっていませんが，安全優先の平和利用の立場を明確にした体制を確立し，その上で進めるべきと考えています。原子力平和利用三原則（自主・民主・公開）を厳守し，アメリカに依存した研究，開発体制を改めて自主的民主的な研究体制を確立しなければなりません。　　　　　（昭和54年11月3日付け「赤旗」質問に答えて）

○　「『反原発』をいわないのは？」

　　日本共産党は，核兵器など人類滅亡の危機をもたらす原子力の軍事利用については，研究・開発，製造・使用の全てにわたり全面的に禁止を主張していますが，安全な方法で原子力を人類の生活に役立てる平和利用は否定していません。「反核・平和」と「反原発」を同列に扱わないのはそのためです。核兵器と原発とを同列視して原子力の平和利用の可能性を全て否定するのは誤りです。　　　　　　（昭和58年10月7日付け「赤旗」知りたい聞きたい）

○　「原発の危険に反対する運動の前進のために」（無署名論文）

　　原発の危険を指摘し，原発の新増設の中止や総点検を要求することは，将来にわたる原子力の平和利用を一切の否定を原則とする立場をとることとは，全く別問題ということです。

　　これに対して，「脱原発」の名のもとに，原発の危険性に反対することでなく，原発を廃棄する法律の制定を直接の目的にした署名運動が始まっています。この署名運動そのものには，賛成できません。原発の廃棄そのものを

日本共産党の「原発ゼロ」運動に対する取組　185

目的とした「原発否定」論者だけの運動として計画され，現に原発の危険に不安を持っている多数の国民の声を結集することを，最初から否定するセクト的な立場に立っているからです。　　　　　　　　（平成元年３月29日付け「赤旗」）

（注）　無署名論文
　　ある問題に関する党の見解を直接，党中央の責任で発表したもの

○　「原発についての共産党の見解は？」

　「脱原発」の運動は，核エネルギーの平和利用を原理的に否定する立場から計画され，安全対策を要求しない運動です。多数の国民の不安に応えるものにはならず，賛成できません。

（平成元年５月14日付け「赤旗」知りたい聞きたい）

　以上，原子力政策に関する過去の主な主張を挙げてみたが，ご覧いただければ分かるように，共産党は，原子力の研究・開発・利用を，決して全面的に反対してきたわけではないのである。

　また，反原発運動で用いられる「反原発」，「脱原発」，「原発ゼロ」という一見同じような意味の言葉についても，共産党においては，我々一般国民の感覚とは相当かけ離れた"使い分け"がなされているのである。すなわち，「反原発」とは，"核兵器と原発とを同列視して原子力の平和利用の可能性を全て否定すること"，「脱原発」とは，"原発の廃棄そのものを目的とした「原発否定」論者だけの運動として計画されたセクト的なもの"とそれぞれ定義付け，これらを否定しているのである。

　ここまでみれば，共産党が国民に広く受け入れやすいと思われる「反原発」，「脱原発」という言葉を用いることなく，「原発ゼロ」にこだわる理由も，自ずから浮かび上がってくるといえよう。もっとも，自らの見解にこだわり過ぎて，結果として広く支持が集まらないのであれば本末転倒であろうが……。

　ちなみに，「原発ゼロ」については，日本共産党の「提言」において，"日本のエネルギーを原発に依存するという政策から撤退し「原発ゼロの日本」を目指す政治的な決断を行うこと"としていることからも，"原発からの撤退"との意味で使用していることがうかがえる。

186

3　日本共産党の原発エネルギー政策の提言

　日本共産党は，福島第一原子力発電所事故以後，

①　被災者支援・復興，原子力・エネルギー政策の転換を（平成23年 3 月31
日）

②　復興への希望がもてる施策，原発からの撤退をもとめる（ 5 月17日）

③　原発からのすみやかな撤退，自然エネルギーの本格的な導入を（ 6 月13
日）

④　「即時原発ゼロ」の実現を（24年 9 月25日）

と題する「提言」を 4 回発表している。

　その内容を見れば，首尾一貫した論を展開するというよりも，政府による
事故への対応状況や世論の動向等を踏まえながら主張を変更しつつ「提言」
を示していると言わざるを得ない。

　特に注目すべき点として，原発からの撤退までの期間に関し， 3 回目の
「提言」では，"5 年から10年以内を目標に原発から撤退する計画を策定する"
としていたところ， 4 回目の「提言」では，"即時原発ゼロ"と変更してい
ることが挙げられよう。共産党は，変更の理由について，"福島事故から 1
年半を経過し，国民世論が大きく変化し，「原発ゼロ」を目指す声は，国民
の多数となっている"，"こうした状況を踏まえ，共産党は昨年の提起を更に
一歩進め，政府に強く求めます"としている。これでは，反原発運動での
「一点共闘」におけるイニシアチブを取りたいはずの共産党が，国民の声に
押されるようにして，主張を変更せざるを得なかったことを自ら認めている
ようなものである。

　他方， 3 回目の「提言」では，"原発からの撤退後も，人類の未来を長い
視野で展望し，原子力の平和的利用に向けた基礎的な研究は，継続，発展さ
せるべきです"と明記し， 4 回目の「提言」においても，"「原発ゼロ」を実
現した後も，原発の廃炉，使用済み核燃料の管理・処理など原発関連の「負
の遺産」の後始末を安全に実施しなければならない"として，"原子力に関
する基礎研究とこの仕事を担う専門家の確保・育成をすすめる"と明記して

日本共産党の「原発ゼロ」運動に対する取組　**187**

いるように，共産党としては，従来どおり，原子力の研究の必要性については，放棄していないのである。

この点を捉えても，不破前議長が「古典教室」で"「原子力問題にかんする決議」を採択後，党の立場は一貫している"と述べたとおり，共産党の"真の狙い"については，正に"一貫している"といえよう。そして，この"真の狙い"の根底には，"原子力の平和利用は，共産主義の社会においてのみ可能"であるとの考えがあることにも，十分留意する必要がある。

4　福島第一原子力発電所事故直後の共産党本部の動向

日本共産党は，福島第一原子力発電所事故発生後間もない平成23年４月29日に，笠井亮常任幹部会委員を責任者とする「原発・エネルギー問題対策委員会(注)」を設置した。同対策委員会は12人で構成され，党中央国民運動委員会から責任者，事務局長等３人が委員として参画するなど，統一戦線重視の布陣といえよう。

また，原発立地県での住民運動や議会での論戦の経験を交流し，運動の前進を図るため，６月12日，党本部において，14道県の担当者と福島県下の地方議員２人を集めて「全国原発立地道県担当者会議」を開催した。

同会議では，笠井亮責任者が，会議の目的について，"①「期限を決めた原発からの撤退」を求める全国民的な運動を進める上で重要な位置を占める原発立地道県での運動をどのように広げるか，②地震や定期点検で停止している「原発の再稼働」問題を始め，原発立地道県特有の問題で，６月議会等今後の論戦と運動をどう進めるかにある"と述べるとともに，党南相馬市議団長と党浪江町議が原発事故での避難実態を特別報告している。

> （注）「原発・エネルギー問題対策委員会」の構成
> 　　　責任者：笠井亮（常任幹部会委員，政策委員会副責任者，衆議院議員）
> 　　　事務局長：浦田宣昭（常任幹部会委員，国民運動委員会責任者）
> 　　　委員：寺沢亜志也（常任幹部会委員，政策委員会事務局長）
> 　　　委員：有坂哲夫（幹部会委員，国民運動委員会事務局長）
> 　　　委員：吉井英勝（中央委員，衆議院議員）

委員：最上清治（中央委員，国民運動委員会委員）

委員：辻慎一（准中央委員，書記局員，学術・文化委員会事務局次長）

委員：薄木正治（国会議員団事務局員）

委員：佐々木勝吉（国会議員団事務局員）

委員：佐藤洋（経済・社会保障政策委員会副責任者）

委員：鈴木剛（学術・文化委員会事務局員）

委員：三木利博（「しんぶん赤旗」原発取材班責任者）

5　最近の共産党の動向

(1)　「脱原発をめざす首長会議」顧問に志位委員長が就任

　「脱原発をめざす首長会議」が，平成24年4月28日，東京都内で設立総会を開催し発足したが，同会議には，日本共産党員自治体首長である矢野裕・狛江市長（東京都・当時），頼高英雄・蕨市長（埼玉県），田中勝己・木曽町長（長野県），嶋田正義・福崎町長（兵庫）を含む69人の市町村・特別区の首長，首長経験者が加入し，社民党の福島瑞穂党首と共に志位委員長が顧問に就任した。

　志位委員長は就任の挨拶で，"政府に原発からの撤退と「原発ゼロ」の日本を目指す政治決断を強く求める"などと，地方議会で「原発ゼロ」を目指す首長の活動を党として支えていく姿勢を明らかにしたが，この挨拶においても，この会議が「脱原発をめざす首長会議」という名称であるにもかかわらず，「脱原発」という言葉を一切使用することなく「原発ゼロ」と発言しているところがいかにも共産党らしいといえよう。

(2)　「しんぶん赤旗」，「民青新聞」が党主催でない反原発デモの取材を開始

　23年4月25日付け「民主青年新聞」が，4.10反原発デモ（東京・高円寺）について，"「素人の乱」が呼び掛け，インターネット等で情報が広がり，約1万5千人が参加した"と取り上げたのを始め，5月8日付け「しんぶん赤旗」では，5.7反原発デモ（東京・渋谷）について，"1万人が参加"と報じるなど，これら機関紙が党主催でない反原発デモについても掲載している。筆者としては，こうした記事を見るたびに，共産党が反原発運動で中心的役割を果たしているかのような印象を内外に広めることに腐心していると受け

日本共産党の「原発ゼロ」運動に対する取組　　189

取ってしまうのであるが，読者の皆さんはいかがであろうか。

　ちなみに，24年7月15日付け「しんぶん赤旗」日曜版の掲載記事について，MSN産経ニュースが7月22日，「夏の椿事!?　共産党『赤旗』に"敵対"中核派が登場」という見出しで，"日本共産党機関紙「しんぶん赤旗」で，敵対関係にある「中核派」メンバーの勇姿を写真付きで紹介"，"日本共産党が革マル派とともに「反社会的暴力・殺人者集団」と厳しく糾弾してきた中核派の活動家が含まれていた"，"反原発の方向性は同じだとはいえ"過失"で中核派メンバーを持ち上げたことが，「大失態」であることは間違いない"などと報じている。

　果たして，この真相やいかに。

(3)　志位委員長が共産党主催でない反原発集会に参加

　平成24年3月29日（金）から始まった「首都圏反原発連合」の首相官邸前抗議行動には，志位委員長が笠井亮衆議院議員らとともに毎週のように参加し，スピーチを行っている。その様子が翌日の「しんぶん赤旗」の1面を飾り，さらには，同抗議行動に呼応する全国各地の抗議行動等を掲載し，告知，参加の呼び掛けまで行っているのである。いかにも共産党が主導権を握り，運動を牽引しているかのような報道振りといえよう。しかし，志位委員長は，決して同抗議行動に開始当初から参加していたわけではない。6月16日に政府が関西電力大飯原発3，4号機の再稼働を正式決定し，同抗議行動が盛り上がりを見せ，マスコミが注目し，報道を始めた時期である12回目の抗議行動（6月22日）からなのである。

おわりに

　日本共産党は，平成23年3月の福島第一原子力発電所事故以後，先述のとおり，「原発・エネルギー問題対策委員会」（4月29日）を発足させるとともに，原子力政策に関する「提言」を発表するなど，素早い立ち上がりで行動を起こし，積極的に国民へのアピールを展開している。

　志位委員長は，同年5月26日の記者会見で，"「原発からの撤退」の一点で一致する方々，様々な市民運動と大いに協力共同関係を作っていきたい"と

して，統一戦線の形成を重視する立場を明確にした。

　共産党は過去，原発の危険に反対する運動について，"いろいろな動機から，異なる考え方に立つ人が参加する。どんな考え方を持っていようと，要求の一致と共同の意志に基づいて，共同の運動を展開することが大事である"とし，また，"「市民運動」に名を借りたニセ「左翼」暴力集団等の策動に注意を払いながら，各地の住民運動が原発の危険に反対する運動の本流として発展させていくべきである"などと主張しつつも，「脱原発」運動への「対抗」（「脱原発」運動への批判）に取り組んだ結果，運動そのものが発展しなくなってしまったケースもあり，この点は問題であると指摘している（平成2年12月8日，原発問題・党全都道府県担当者会議）。

　現在，「首都圏反原発連合」の首相官邸前抗議行動，さらに，官邸前行動に呼応する全国の抗議行動等に党名を大規模に掲げることなく，「反原発」，「脱原発」を批判せずに参加し，運動の盛り上げを図っているのは，こうした過去の教訓から導き出された戦略なのであろうか。

　志位委員長は，24年10月に開催された5中総の幹部会報告で，"国政の中心問題（原発，TPP，オスプレイ問題等）で「一点共闘」が空前の規模に広がり世論と政治を動かす力を発揮している"，"草の根の組織を持つ共産党と自覚的民主勢力^(注)が支え信頼を高めている"と成果を強調し，また，「民主連合政府」の樹立時期について，21世紀の早い段階と改めて言及した。

　この運動が，共産党の狙いどおり，統一戦線の形成に，そして，「民主連合政府」の樹立につながっていくのか。この「一点共闘」の運動を，国民はどのように評価するのか，引き続き注視していく必要がある。

　　（注）　自覚的民主勢力
　　　　革新三目標（①日米軍事同盟と手を切り，日本の中立化を図る，②大資本中心の政治を打破して，国民の命と暮らし，教育を守る政治を行う，③軍国主義の全面復活・強化に反対し，議会の民主的運用と民主主義の確立を目指す）とその実現を目指す革新勢力の統一の旗を掲げて努力している，労働組合，民主団体，及びそのための共同の場に参加している人々を指す。

（平成24年10月22日記）

別冊 治安フォーラム
党創立100周年を見据える日本共産党の潮流

平成30年7月15日　第1刷発行

編著者　治 安 問 題 研 究 会
発行者　橘　　　茂　　雄
発行所　立 花 書 房
東京都千代田区神田小川町3−28−2
電　話　(03) 3291 − 1561（代表）
ＦＡＸ　(03) 3233 − 2871
http://tachibanashobo.co.jp

Ⓒ2018　治安問題研究会　　　文唱堂印刷／印刷・製本
乱丁・落丁の際は本社でお取り替えいたします。
ISBN978-4-8037-1543-9　C3036